醒悟 文明之

中國社會的未來思路

周裕農 著

商務印書館

文明之醒悟——中國社會的未來思路

作　　者：周裕農

文稿整理：謝冠東

責任編輯：張宇程

封面設計：涂　慧

出　　版：商務印書館 (香港) 有限公司

　　　　　香港筲箕灣耀興道 3 號東滙廣場 8 樓

　　　　　http://www.commercialpress.com.hk

發　　行：香港聯合書刊物流有限公司

　　　　　香港新界大埔汀麗路 36 號中華商務印刷大廈 3 字樓

印　　刷：美雅印刷製本有限公司

　　　　　九龍觀塘榮業街 6 號海濱工業大廈 4 樓 A

版　　次：2016 年 2 月第 1 版第 1 次印刷

　　　　　© 2016 商務印書館 (香港) 有限公司

　　　　　ISBN 978 962 07 5677 1

　　　　　Printed in Hong Kong

目　錄

序 .... *iii*

前言 .... *xii*

第 0 章　本書探討內容 1

第 1 章　思考之程序與方法 5

第 2 章　生命的目的 25

第 3 章　西方的成功因素 *45*

第 4 章　中國衰落的因素 *53*

第 5 章　宗教 61

第 6 章　經濟 *77*

第 7 章　國家、社會與政治 *91*

第 8 章　中國如何成為領先文明 121

第 9 章　香港何去何從 135

總結 160

跋 164

附錄 一：如何學習和考試 *166*

附錄 二：淺談運氣 *169*

序

　　本書的出發點是如何能把中華文明打造成世上的領先文明。要探討這個題目，無可避免要牽涉思考，所以本書前面的章節就先闡釋思考的操作。思考就是腦力，腦力也是人類出現文明的根本因素，使人類在眾多生命中突圍而出。認識正確的思考操作，才能掌握重檢定義的重要性。現今世界上很多定義已變得含糊或者過時了，有必要予以審查，更正其錯誤，也要把不清楚的部分重新定義。有了清楚定義才能有思考基礎，從而把事物之間的關係找出來，再進一步說"理"。

　　世上在定義方面有問題的題目，我認為主要與生命有關。社會之事也主要牽涉生命，所以有必要先去認識生命。現時人們對生命欠缺了解，導致社會出現很多惡劣的情況。認識生命不能不提其演變過程，在發掘演變過程期間，往往會出現新觀點，這便需要用新的角度思考，才能領悟新觀點和新定義當中的意味（implication）。要領悟就必須放下現有的價值觀，打開心扉，拆除固有的思考圍牆，把思想解放出來。任何事情切忌過急下定論。

傳統的智慧（conventional wisdom）認為，太空中有上十億顆星星，一定會有像地球一樣的環境，也會有與地球上同樣的生物（例如外星人）。這看法到底有多少根據？我以下提出一個全新的看法來作比較。如我們能把魚類內的一個基因拿出來加到番茄內，以說明魚類和番茄的基因有共同之處，那由演變論來看，魚類和番茄有可能因出自同一個祖先，所以基因結構一樣。這樣的話，有基因的生物都有可能出自同一個祖先（見 Steel, Nike & Penny, David, "Origins of life: Common ancestry put to the test", *Nature*, 2010）。那最早的祖先又是誰？這就引申出生物出現可能僅是由一個生命所形成，之後複製出多個同類，再經演變出現了多個種類。這意味着現在世上所有生命都是它（即最早的生命）的子孫。這也同時說明，看待生命不能以某類生命能否生存的角度來看。對生命來說，哪一類生命能生存下來並不重要，重要的反而是只要生命能繼續生存，它的目的就達到了。生命能否生存，是由生命主導而不是由環境而定，人類的生存已證明了這一點。在生命初期，生命在一個很穩定的環境（像海洋的火山口附近）開始活躍。為了能有更強的維生能力，生命開始向外發展，繼而出現了弱肉強食的生物世界（biotic world）行為。外在的環境一直存在，而生物會去認識新環境，再改變自己去克服環境，這是一個學習過程。在未能認識和應對新環境之前，生命會被環境的因素傷害或抹煞。反之，得到經驗後，生命可以再改良應對方案，重新探索。這樣一步一步由海洋的火山口附近去到陸地，再去到太空等地方。

　　所以生命生存的目的不是去適應（adapt）大自然或環境，也不是任由大自然主導生命的存亡（natural attrition）。大自然與生命存亡兩者固然有關，但它沒有令到生命由火山口去到海洋每一處，甚至令到生命上岸、上太空。達爾文只看到生命演變中的一個小段落，而沒有去思考生命的源頭和頂端，因而得出生命是在對大自然作出反應所以去生存；他也沒有想過如生命欠缺主動力，根本就不可能生存。事實是，生命的演變並不是循着適（環境）者生存的道理，而是能者（在不敵對手，包括環境）有需要去適應時才會暫時屈服。但生命不會善罷甘休，必會想盡一切方法打敗對手。雖說生命的主動性十分重要，但是否能成功擊敗對手，還得有運氣之助。所以說在外太空要能出現與我們對得上話的外星人的可能性是微乎其微。

　　現在文明面對的一個較具爭議性的題目便是同性戀。大多數人認為同性戀不符合道德觀念，但有沒有想過為甚麼會出現同性戀？現在的價值道德觀又是以甚麼來做基礎的呢？這基礎對嗎？由演變的角度去看，出現同性戀有兩個可能性：一個是同性戀是演變中的剩餘（residual），還沒脫離某些舊性格；一個是他們是先鋒，他們的行為可能比異性戀在某些環境下更能發揮維生能力。比如對同類認識要多於對異性的認識，因為沒有男人可以徹底了解女人的思維。只要他們有好的精子和卵子，即使在沒有婚姻和雙親養育的價值觀下，生後代也不是問題。以現今一般人認為孩子一定要有父和母才算正確，就衍生了對同性和單親家長的歧視。那是否該由生命的目的和操作為依據才對呢？如同性戀屬於前端演變者，那妨礙他們演變是否也是在妨礙自己演變呢？我不是提倡同性戀，只是希望大家在面對問題時，要多想因由和反思現有的價值觀是否正確，同時了解用生命的角度看事物時，可以產生與現今價值觀多麼不同的觀點。如同性戀是剩餘演變者，那是否該多給他們一些同情心呢？這樣社會不是更能融和嗎？同性戀人士不是註定要滅亡之種（doomed species），也不是罪人，只是現今社會對扶養後代的責任觀，使他們成為了眾矢之的。

要打造優秀的文明，先要認識生命的本質。生命之所以能演變，能在三十億年間維生自有其原因。不過，能變不代表能維生，能"演"變必須依靠主動能力，而主動能力則建基於目的。但要以自己的目的去改良維生情況，除了主動能力，也必須有以下兩種能力，包括：有學習能力和把經驗記載下來的能力。只有具備這兩種能力，才能借主動能力去克服困難。要注意，生命能由一個細小簡單的生物，演變成今天的人類，是因為生命在不停自我增加維生功能（工具）。我們現在能想像到的身軀、感受和思想功能，在生命初期幾乎都不存在，它們都是為了能更好的服務生命，滿足維生目的而出現的工具。

這些工具本身不是與生俱來的，而是由生命創造出來的。當這些工具的本性與生命的原始目的發生衝突時，這些工具的本性就需要讓路予原始本性，因為工具是為了服務原始目的而出現的。這就得出一個結論：最終目的就是原始目的。所以，認識生命的最好方法，是把自己看作為一個細小生命，審視自己如何面對環境挑戰，通過加強自己的維生能力，演變成為今天的人類，而且中間又生出甚麼能使自己生存到今天的因素。可以說，主導生命演變的不是大自然（nature），而是生命本身。演變當中一個較少人討論的元素是運氣，它在其中起關鍵作用，這點我在附錄二會作出解釋。

　　要想中國好，必須先找出中國之問題。要想中國成為一個領先文明，國家要先建立一個理想的社會，人們也要了解文明背後的問題。而首先要審查的，包括社會的幾個主題：信念（信仰）、政治、經濟、教育等等。生命有目的，而這些工具都是在帶有目的的情況下創造和產生出來的。要找出問題所在，就先要找出目的，否則便會犯上把工具當成目的的錯誤，進而作出錯誤的追求。這樣不只會忽略主題，同時也會衍生很多反效果。要建立一個好的社會秩序（體制），一定要弄清楚這些問題。

　　例如，現在不論經濟學家還是政治家都把經濟和政治混在一起，同時又把經濟當社會的主題去處理，出現了“經濟可持續”的想法。其實，經濟的目的是為了創造資源，而政府的稅制在一定程度上是運用政策去分配資源，是一種政治。但稅制也會影響生產的動力，所以便需要了解政治與經濟的關係。只有認識清楚經濟和政治的目的，才能知道政策是為了甚麼目的，並有效運用政策作為管理工具。法律屬於社會管理體制的一部分，但如心向（mind set）的價值觀與法律不一致時，人們便不會好好守法。信念／信仰對心向有很大的影響，這衍生出宗教與政治、法律的關係。

　　一個好的社會必須有正確的普世公認信念，就是對生命認識有普世價值觀，這樣才能有相同的最終目的，從而體現社會正能量。生命是以各個小個體組成一個大個體來維生的，而大個體和小個體需要分工互相配合。各個小個體需要有"頭"去統籌帶領，而非由其他小個體加起來自我作主。這就解釋了為甚麼民主政制不可能成功。不過，在社會層面，因為不可能把每個人的腦袋抽出來，組成一個大腦袋，所以社會的提升能力只能由個人去體現，但這些"個人的能力"可以相互配合。要社會這大個體能有效發揮能力，就要使每個人都能最好的提升自己，而同時又能作最好的配合，最終使個人能發揮更好的維生能力。要實現這個目標，頭（領導）不能只顧着自己（家人）的利益，他的使命是為做好一個"頭"的功能，來為生命服務。這就是我在本書提倡以"能升整利"為目標的理想社會論。中國之所以沒法比西方強，主要是因為在"能升"和"整利"兩方面都輸給西方。在形成社會大個體方面，中國至今還沒有完成組織的工程。不過，西方也不是毫無缺點。西方錯誤的神學觀扭曲了原本宗教的目的，使西方人沒有好好認識生命，成了西方文明進展的障礙，中國人就不可以全盤學習西方了。正正是因為對生命欠認識，西方不少國家把政制和經濟等工具當作追求的目標，給社會帶來諸多問題。

生命在基因（DNA）的主導下，花了三十億年時間慢慢作出功能上的演變。人類擁有強大的腦力後，這種演變的速度更快。不過，在沒有認識生命真正的目的前，人類仍舊處於愚昧和鹵莽（reckless）的生活境地之中。反之，如人類掌握生命目的，便可以用較聰明的方法，以"理"為基礎去維生，並完成文明進展必須依靠腦力主導的演變過程。現今人類的科技能力已去到能以聰明的方法提升維生能力的地步了，因此沒必要出現增加人口所造成的惡性競爭，也不會有不良的社會環境。一個以"理"為本的社會，能更好地管理和使用本性的工具，不至過分追求"感"，繼而出現因狂感而造成危害生命之行為，如氣候暖化等不良惡果。所以，要想一個好的社會出現，不單領導人要有正確的心向，人民也得有相同的心向。

當有了這些基礎後，中國（包括香港）才能因着自己面對的處境，思考如何改良自身，一步步成為世上領先的文明。不過，要改良社會牽涉眾多因素，無法在一本書內簡單說明。但考慮到中國現時面臨的處境緊急，機遇稍縱即逝，唯有及時把觀點提出來，讓大家思考，希望能起拋磚引玉之

效。如本書出現內容缺口問題，還請各位讀者多多包涵，將
來有機會必會多作補充。

前　言

　　我第一次對世上的論說產生懷疑，可說是始於我五歲時的一個經歷。我運氣還可以，出生於上海一個尚算富裕的家庭，當時有個乳娘照顧我。五歲時的一個早上，乳娘跟我說她要帶我一起上街。她最後把我帶到教堂。她去禱告，讓我坐在她身旁。那天晚上臨睡前，她要我跪在牀邊向神禱告。我的腦袋一片空白，不知要禱告甚麼。第二天晚上她又要我禱告，我有些抗拒。她說我有罪，要禱告求神赦免。我聽了十分震驚，我何罪之有？我並不覺得自己做過壞事，我也不是個壞人。之後，我再也不禱告了，也再不跟她去教堂了。這是我人生中第一次發現這個世界上有不可理喻之事。此事養成了我不願意只聽片面之詞的個性。

　　大約六歲的那個寒冬，我看到縱使在零度以下家傭還需要在花園裏工作，而我卻能在溫暖的客廳閒着。我想到：大家都是人，這樣合理嗎？這就引發了我對世界的觀察與思考。

日子久了我便越加發現：世人通常所謂的對，其實錯也；所謂的公正，其實非也；所謂的真，其實假也。這些問題在社會無處不在，使人對文明感到心灰意冷。作為一個中國人，更有着雙倍的悲哀：除了世界的問題外，還要目睹一個偉大而悠久的文明由興轉衰之事實，令人甚為惋惜。

中華文明的前途

中國人雖然不滿國家現狀，但他們當中盼望國家重拾興盛的人確實不少，包括我自己。為甚麼呢？每一個人都希望自己的國家是一個興盛的國家，這是人之常情。沒去說自己愛上國家是因為國家還沒有達到“可愛的程度”。一個可愛的國家必須有一個良好的社會。這個社會內有正確的價值觀，而這個價值觀是建基於生命之目的的。只有認識清楚生命，才有可能實現可愛之國。我希望有一天中國人能真的感到國家的可愛，這就促使我去尋找答案。中華文明能否再度散發光輝？文明是否有前途？於是我開始向別人查詢：“中國文明是否有前途？”得到的答案是兩類：有前途，或者無前途。

那些正面的回答，基本上都是一些根基不牢的輕浮說

法，如中國有幾千年歷史、漢唐如何興旺、可以看到社會在
進步、中國奉行儒家思想等等……都是一些以歷史為結論的
老生常談。然而，一個文明縱然古老，也是可以衰敗的。所
以，這類答案對我來說遠遠未如人意。昨天好，並不能保證
今天會好；今天好，也並不能保證明天會好。而且以上那些
個別的、外來的、偶然的、天然或非天然的因素，並不足以
表明一個文明的真正實力，埃及和羅馬帝國就是其中兩個例
子。真正的實力應該是基礎性和結構性的。只有弄清楚一個
文明的基礎和結構，才能判斷這個文明的優劣及其發展趨
勢。文明的基礎與價值觀息息相關，而價值觀則是建立於所
追求的目的。環境會變，生命也會演變。只有做到結構性更
進步的文明，才會有光明的前景。結構要有更新，就得有的
放矢，追求目標。假如 "明天會更好" 只是建基於信仰之類
的信念之上，那是不能被廣泛接受的。一個社會每一天都可
以看到進步和退步之處，所以我們不應滿足於這樣片面偏頗
的觀點。

　　相比之下，那些負面的回答，倒是有着相當有力的根
基，如中國人自私、欠愛國心、不團結、沒公德心、不守法、
感情用事、欺善怕惡、缺乏創新能力等等，雖然這些缺點也
非中國人特有，可是中國人的表現最為極致。這些是在批評

中國人的價值觀和能力，是非常嚴重的缺點。那麼，中國文明能夠再現輝煌嗎？能夠再成為世界上領先的文明嗎？看到這裏，你或許會感到失望，那是可以理解的；但也可能覺得還有希望，因為你看到這本書的目錄內有"何去何從"四個字。只要有選擇，就意味着有路可走。想深一點，一個偉大而悠久的文明所遇到的問題，肯定不會只局限於這個單一的文明，而應該是帶有普世意義的。中國文明的很多問題其實也可以推而廣之，看成是人類文明的問題。所以，為中國文明尋找出路，或許也可解答世界文明中出現的基本問題，並分析箇中的根由。

為人類文明定藍圖

　　一座大廈，如要能建得高而穩，一定要打好地基。地基不好，上面的建築物也不可能穩固。"上樑不正下樑歪"的說法，其實還未能反映全像，因為假若基礎不穩固，上樑和下樑還可能會好嗎？

　　當然，認識社會問題只是第一步，人類文明能否成功和進步，還視乎所作出的選擇和決策。上層決策者選擇了走正路還不足夠，還要社會產生共識才能有效推動改進。上下兩個層面要達到一致的目標。

　　那麼，我們需要有甚麼共識呢？這就要看我們的目的是甚麼。我們的目的是要為中華文明制定一幅可再興旺的藍圖，也就是說，我們要為中華文明的前景來一個 envision，給出一個想像。

　　人類文明在科技方面能有今天的成就，一定有它的基本原因。而人類文明在社會方面沒有多大的進展，也應該有它的基本問題。有些朋友知道我在研究這個範圍後，給我介紹了不少參考書籍，其中最常被提及的是由賈德‧戴蒙（Jared Diamond）寫的 *Guns, Germs and Steel*（台譯：《槍炮、病菌與鋼鐵》）。該書作者為了解答新幾內亞一名官員 Yali 的問題，從地理和環境角度去尋覓答案。他在書中提到了一些社會結構的比較，但在書的結尾卻回答不了一個簡單的問題：為甚麼像中國和印度等土地富饒的文明，也會遭遇衰弱。作者把大體制與小體制做比較來嘗試解答，但這不可能是真正的原因。每個體制都有它的好壞，問題只在於日子久了，體制不可能跟得上環境之更迭，但體制本身並非文明變好或變壞的因素。

　　這不是說體制沒有好壞之分，而是說體制的好壞取決於處境和文化的因素。處境反映一個生命對所面對的環境的看法，文化則是以價值觀主導。在處事時，這兩個因素的地位要比體制的約束為高。體制是為社會成員服務的一件工具，它的成效取決於心向，而心向的對錯取決於對真理的認識。目的和價值觀的認識左右心向，而對事物的正確認識則會得出正確心向。所以，最重要是要認識生存的真正目的是甚麼。對一個文明來說，生存的環境只為人帶來機遇，能否利用機遇還關乎人為，到底人有否發揮智慧把握機遇？我認為人的能力比環境更重要。動物能動，就有改變牠們處境的能力，以本身的處境來尋找維生空間。與動物的生存環境不同，人類文明進展的動力主要來自腦力，所以一個社會的人能否善用腦力決定了文明的興衰。

有人說，一篇討論問題的文章孰優孰劣，主要取決於其角度和深度。角度錯了，深度又不夠，就找不到問題的真正原因。現今社會積弊叢生，是否由於對待社會問題時出發點有誤？或看待的角度不對？現代不少社會學理論都欠缺基礎，多是以表面的關係加上人為的想像而構成，過於主觀之餘，也缺乏方向，在應用時屢屢失敗。為甚麼會失敗？主因歸於兩點：一是犯上思考上的缺陷。我在以下會先為思考之操作做一個全面的解說，之後以此作為根基去尋找答案。第二個主因，是忘了人乃生命的一個種類。所以想要學好社會學，就必須先對生命了解透徹。我在後面的敍述將更正思維的缺陷，並以生命的出發點和演變——尤其人類生命的演變——作為基礎，由此檢視中華文明究竟在哪裏犯了錯，西方文明又在哪些方面比我們更符合生命的本質。清楚認識了生命的本質，並看通了道理後，論點才能有說服力，才能容易獲得認同，並形成大眾的共識。

第 0 章

本書探討內容

本書將會與讀者一同探討以下眾多議題：

一、　為甚麼今天的社會仍會有這麼多問題出現？這些
　　　問題能得到解答嗎？如何才能解答？人生存在這
　　　世上真的是漫無目的嗎？如有目的，那又是甚麼
　　　呢？為甚麼人會問生命的意義？生命的目的與生
　　　命又有甚麼關係？在過去幾十億年間，生命是如
　　　何演化的？生命如何操作去達到它的目的呢？

二、　人如何成為生命之王呢？憑藉的是甚麼？

三、　腦力與體力之間，哪一項重要？哪一項有價值？
　　　如何才能學會思考和發揮腦力？

四、　為甚麼論理經常沒有結果？思考又是如何操作
　　　的？

五、　生物與死物有何分別？該如何對待和看待生物？
　　　為甚麼會有先進的科技？然而，為甚麼又沒有先
　　　進的社會？何謂先進社會？先進的科技能為我們
　　　帶來理想的社會嗎？

六、　為甚麼中華文明會亡國三次（包括東晉後的五胡
　　　亂華、元朝的忽必烈和清朝的努爾哈赤入主）？
　　　會出現第四次嗎？怎樣才能避免？中華文明在哪
　　　裏出錯了？西方文明在哪裏比中華文明強？文明

的對錯、強弱應以甚麼作為標準？

七、　西方為甚麼會出現工業革命？科學是甚麼？算術
　　　是甚麼？文字是甚麼？

八、　社會、宗教、政治、國家、經濟、法律的關係是
　　　甚麼？何謂理想社會？為甚麼會出現宗教？宗教
　　　有何目的？何謂靈魂？為何沒有創造人類的神？

九、　政治是甚麼？政治有何目的？獨裁好還是民主
　　　好？獨裁的問題在哪裏？民主的問題在哪裏？中
　　　國能實行民主政制嗎？

十、　經濟是甚麼？經濟有何目的？金錢是甚麼？運氣
　　　是甚麼？資本主義是甚麼？經濟與金錢、運氣有
　　　甚麼關係？為何馬克思的理論會失效？

十一、法律有何目的？何謂公平？公平以甚麼作為標
　　　準？公平有何目的？為何平等不能達到公平的目
　　　的？現在的法律能達到公平的效果嗎？

十二、自由是甚麼？為甚麼需要自由？人權有何目的？
　　　"人尊"有何目的？

十三、為甚麼會有好感受和壞感受？壞感受有何目的？
　　　幸福是甚麼？為甚麼人類得不到幸福？好感受有
　　　何目的？好感受與環境污染、全球暖化有甚麼關

係？如何才能解答全球暖化的問題？

十四、信念與信仰的分別是甚麼？文明如何才能真的有
　　　進展？

十五、中國和中華文明該如何向前走？中國有何出路？

十六、香港該如何向前走？中國與港、澳、台的關係會
　　　如何發展？兩岸三地如何才有統一的可能性？

十七、文明該如何向前走？世界如何才能實現和平？

十八、為了能達到更好的教育效果，附錄加入了〈如何
　　　學習和考試〉一篇。

第 1 章

思考之程序與方法

　　天理，就是天然世界本身的理，是為真理。何為非天理？由人類想像出來的理為非天理。非天理又分為兩類：一類是為了去理解天理的理，經過一些方法去證實符合天理的，可以轉化為真理。另一類是只能停留在想像階段、毫無根據的妄想，甚至根本就是別有用心的捏造。真理需要很多工夫去證實，而沒法證實的理，多半為"非理"或假理，不是真理。想出一個假理非常容易，所以世上的假理一向多過真理。除了天然世界的理為真理之外，其實還有兩類真理：一是事件，那些都是曾經發生過的事，是事實；二是定義上的理，如 1+2=3。有些人認為定義的理不能視為真理，只能視為工具，這是不對的。雖然 1+2 的確是去認識 3 的工具，但有 1 也是事實，有 2 也是，兩者相加下 3 的存在亦是事實，故是真理。

思考的運作方式

　　要分辨真理與假理必須通過思考。思考是如何運作的呢？大多數人從沒想過這個問題。一般人都以為思考是很複雜的過程，其實不然。**思考的功能只有一個，就是解釋關係—— 解釋兩件事物之間的關係**。大腦是怎樣操作的呢？它先參考一件事物，再參考另一件，然後找出兩者的關係，這個關係就是“理”了。“理”就是“釋係”，即解釋關係。比如當你聽到有人以普通話說“你”(nǐ) 時，你在腦裏會參考到粵語發音的“你”(nei⁵)，以至英語的“you”。這是同類之參考。你也可能參考到對面的人就是“你”，那是由聲音到意義。你甚至參考到對面的人的影像，那就是由聲音到視像。上述各種事物可能互不相干，但都與“你”有關，大腦能把這些關係如數家珍，一一列舉。然而，我們首先得在腦裏有這些參考，才能思考到這些關係。你能想到英語的“you”，是因為你對“you”有清晰的認識，它在你的腦袋內有清楚的印象 (impression) 或影像 (image)。

　　為甚麼思考時需要有清楚的影像呢？因為思考的參考是先在記憶裏找出有關連的影像。也就是說，思考的人在之前應該對要思考的題目建立影像。如沒有影像或影像不清楚，他就無法作出參考。所以他之前就得學習或認識這個題目，並把這些認識以印象記錄在記憶裏。所以要判斷是否學習到了，就要看是否取得印象。

　　此外，也要看影像的內容是對是錯：對的內容能引伸正確的結論，錯的內容就只能得出謬誤的推論。比如錢是甚麼？為了方便交易，人類創造了“錢”作為價值的“替代物”

（substitute）。錢並非交易的中間體（medium of exchange），
這個定義是錯的。比如，文字是一種中間體，它自身並無價
值，只是用以傳達訊息和知識。但錢是一種替代物，它本身
有價值（至於錢的價值又是另一個課題了），如錢沒價值時
就不能再被作為錢看待。也因此才會有人把畢生精力花在賺
錢上，並認為錢越多越好。經濟學本身就是以"錢"來進行
各種衡量。如不認識錢的定義，經濟學又怎能辦得好？舉凡
用錢買到的，都是有價值的，都可被視為社會的資源。

　　文化又是另一個例子。政府裏負責推行文化政策的高官
以至所謂的"文化人"，也不一定認識文化的定義。如果連
定義也不清楚，能做好文化事業和處理文化事務嗎？文化是
一種代表或體現，它體現一個人或一羣人的價值觀和習慣。
價值觀是日積月累得來的，它和習慣一樣也不是說改就改，
是需要一定的時間。難道文化能用革命的方法改變嗎？

思考的十種類型

　　思考能有多少不同類型作為參考的對象？可以列舉十種：
1. 視（sight）、2. 聲（sound）、3. 嗅（smell）、4. 味（taste）、
5. 觸（touch）、6. 想像 / 幻想（envision / imagination）、7. 記憶

（memory）、8. 情感（emotion）、9. 習慣／反射（habit／reflex urge to react (think) in a certain way）、10. 先天的（congenital）。

　　需要注意的是：第一，從一個參考到另一個參考是一對一的"直線"關係。腦袋是循直線來思考的，這是天然的真理。如不認同，你能想出別的思考方法嗎？所以要正確理解事物，應以"直線"為基礎（所謂的"周期論"，其實拆解開來，只是眾多的直線）。第二，學習的渠道也可按照上述十種思考類型，共計有十種不同的輸入（input）渠道。先天的能力只算半個渠道，它雖然也會影響思考，但往往是不自覺的。

　　在以上十種思考類型裏，前五種是吸收外來訊息的中介，它們本身不會發出訊息；後五種是會發出訊息的輸入渠道。這十種渠道大都是單向的，不是只有輸入，就是只有輸出，唯獨第 6 種（想像／幻想）可說是雙向渠道。它可以接收其他訊息，亦能發出新訊息，之後又可以再吸收自己所發出的訊息。它是思考過程中最活躍的一種輸入渠道。它的功能並非思考，但也可算是一個訊息的混合、消化和創造器。它會不停地變化，甚至可由原先的混合器演變成有系統的訊息創造器。第 1 至 6 種渠道能接收外來的訊息，而這些訊息本身是無窮的，如果再把這些訊息再混合，產生的訊息就會更多。所以，倘若沒有一套有效方法去處理這些訊息，我們根本無法學習。而可以說想像出來的，大多是不實或錯誤的。若以假亂真，之後的思考自然也只會是錯的！

訊息、知識與認識

那麼，如何去證實所吸收的訊息或腦裏記錄的影像孰真孰假？之前談過影像的關係，是由思考或"理"來解釋的，而理的內容可稱為**訊息**（information），也可稱為**知識**（knowledge）。**兩者的分別在於，知識在沒能體現出價值之前，基本就只能視為訊息或數據。**比如一份財務報表，對不懂會計的人來說只是數據，沒有價值。但是它對會計師來說則有價值，它能讓會計師得悉一些東西，所以可視為知識。但這些知識能對他有多少用途，還要看他的認識能力。認識能力強者，價值就大。用背書方法來記下訊息者，價值不會超越訊息本身，一如一部錄影機，他們僅知道訊息的存在而已。

認識（understanding）是超越訊息和知識的。一般人談到訊息時，多和認識混合使用。然而訊息本身是沒有價值的，但認識卻和知識一樣是有價值的。兩者的分別在於，大體來説，**知識主要是解答 know how（知道怎樣做）的問題，而認識更多是解答 know why（知道為甚麼要做）的問題。**中國的傳統教育着重背書，書的內容對學生來説是訊息還是認識？"夫子曰"有説 why 嗎？沒有；有説 how 嗎？有的，但談不上認識的層次。中國人重視訊息或知識多於認識，是因為中國人過分重視和依賴記憶功能，忽略了"理"和思考的需要。**假如價值觀重視的是知識，就會"知其然而不知其所以然"，這樣的社會難有創新和創作出現。只有社會重視 know why，才能誕生更多創新和創作者。**Know why 後可以為你帶出更多的知識，更多的理，知道更多物與物之間的關係，那樣思考的範圍（parameter）就能擴大了，考慮的因素就更齊全了，出錯的機會也就能減少了，也較易分辨對錯了。思考的範圍擴大，就等於把舊有的盒子（box）的四面給拆掉，讓人能跳出框框（think out of the box），並有新的發現，以便進行創新和創作。很可惜，中國人的價值觀過度重視國泰民安、和諧社會，只追求解答這兩個問題，認為有技術、能維生就可以了，於是就只去讀書，吸收知識。然而，我們應進一步 know why，加強認識，並從中尋求更多的知識。

創新與創作建基於認識

　　創新和創作都是要帶有目的地去尋找更多的認識和知識。創新者不會過問目的是甚麼,是否正確,是否存在;但創作者會質疑:舊有的一套還適用於新環境嗎?新環境給我們帶來了甚麼?人若只靠記憶,只會知道歷史,不重視質疑,就不會知道如何面對新環境與新挑戰。對擺在面前的機遇也不能認識,甚至錯過了。可以這麼説,機遇天天都有,過去、現在、將來也如是,只視乎你會否運用腦力去觀察和把握。經常把握機遇的文明會得到較多進展,不用腦袋去把握機遇的文明則會落後、衰退。能夠把握也可稱之為能夠"圖利"(capitalize),也就是懂得運用手上的資源,達成某些目標。

　　就拿閃電和地心吸力兩個現象為例。自遠古年代,地球就不時發生閃電,並每一天都有果子從樹上掉下來。為甚麼美國的富蘭克林(Benjamin Franklin)可以想到用風箏去找出電力,並且認識到它的力量?為甚麼英國的牛頓(Isaac Newton)可以想到去問蘋果為甚麼會掉下來,從而找出地心吸力?認識到電的力量,給文明帶來的影響應不用多談;發現地心吸力,讓世人對世事有正確認識也是毫無疑問的。正確的認識給文明所帶來的好處也是人所共知的。不過試想想，難道除了美洲和歐洲之外，亞洲和非洲就不會閃電嗎？
果子就不會從樹上掉下來嗎？人類有上萬年時間去詢問和找
答案，為甚麼偏偏由兩個西方人找出答案來呢？又為甚麼不
是由中國人發現呢？因為中國人認為對這些事的認識並無價
值。有些中國人自作聰明，嘲笑西方人在幾千年前開來就討
論世上事物的關係，問為甚麼會這樣、為甚麼會那樣，而中
國人有空則去想如何作詩和享受。那結果呢？西方人得出的
成果比中國人豐碩，他們往後比中國人有更優越的享受。物
質的進展體現於嶄新的能力，而嶄新的能力源於創新和創
作，兩者都依賴腦力。實現創新和創作還需要配合其他因
素，這點我將在往後的章節探討。

從表面關係下定論的危險

　　美國全國經濟研究所（National Bureau of Economic Research）
的羅伯特・哥頓（Robert Gordon）發表了一份報告，總結出
英國由 13 到 18 世紀的人均經濟增長只有 0.2%。他更把之後
18 世紀初英國的成就歸功於科技（Science and technology）。
事情真的是這樣嗎？Science 一詞源自拉丁文 *scienta*，意思
是 knowledge（知識）或 a type of knowledge（一類知識），那

主要意味着"知"而不是"識"。因為"識"主要以 understand 一字來代表。現在有很多人都自稱為科學家,但是真正的科學家只有一種,就是能找出真理的人。而真理並非以表面的相互關係(correlation)為準。**真正的科學家應能進一步解答清楚物與物之間的關係之中的每一個環節。在這個過程中,他能把非真實的、不合邏輯的去掉,以道出事情真正的來龍去脈。**

那些不能找出真理的科學家,只能算為"所謂"的科學家。"所謂"的科學家也有兩類:一是只看到兩者之間有關係就去下定論(比如部分中醫對中藥的看法),而不去深究原因。這雖可稱為知識,但這些知識有一個缺陷,就是無法分辨真假。比如中醫説當歸能活血,那是否只要是當歸都能活血呢?假如把當歸的精華抽走了,這樣的當歸還能活血嗎?如不能,那是否真正能活血的不是當歸,而是它內裏的一些成份呢?這樣的表面知識價值不夠高,以致出了事故也不知原因所在。還有一些人是看到有關係後,就隨便加上一個理由,自欺欺人。比如有人發現大多數中風者都有白髮,就推論白髮會導致中風;然而老化會導致白髮,而且老年人也較常中風,兩者的共通處在老化,白髮與中風倒沒有關係。只憑表面的關係就妄下結論,斷不能成理。現今社會上實在有太多這些似是而非之論說。

　　第二類"所謂"的科學家，是胡説八道、欠邏輯者。我看到一個電視節目，説人的基因與黑猩猩的基因有 95% 以上相同，但人的腦袋要比猩猩的大三倍多。跟着説人與猩猩原是同類，後來因為有部分猩猩會造兩頭鋭利的石器，那批猩猩的腦袋開始進化，之後演變成人類。這個結論對嗎？如是對的話，那多找一些猩猩教牠們造這類石器，牠們是否就能成人？我想答案是否定的。那僅僅只能推論有一批猩猩的腦力開始發展，認識了如何製造鋭利石器。至於人是否只是由猩猩演變而成，或是由猩猩與其他猿類交配而成，就不得而知了。過去亦有説人類有較多非洲人的基因，就認定人類都由非洲人演變而來，惟近期已有發現否定了這個説法，因已證實歐亞人有尼安德塔人（Neanderthals）的基因，或許是由非洲人與他們交配演變而成。將來如果清楚了解第九染色體（chromosome 9）的形成經過，或會有更準確的解答。我實在想指出的是，我們現在聽到和看到的論説，當中很多都可能是錯誤的，如果只看表面關係就輕率作定論，很容易犯錯。

科學家的追求

不論甚麼學者，在追求答案時首先是追求知道，也就是知識，即 know how。**但獲世人肯定的真正科學家則是追求認識者，他們比追求知識者更能解答物與物之間的關係，以及這些關係形成的原因。**他們不單是科學家，更像是哲學家。哲學一詞 philosophy 來自拉丁文 *wisdom*（智慧）。那智慧者就是多認識者也。"慧"字主要用於在生存過程中得出的知識，可謂生命之道。必須認識好生命，方能成真智慧者。他們認識的類別多，而且具深度。認識本身帶有角度的性質，因此採用不同的角度，就會有不同的認識，這點只有愛智者（即喜愛追求知識和思考者）才做得到。適合解答眼下物與物之間的關係所需的角度，稱之為正確或適當的看法（proper perspective），它有適切性（relevant），而且符合邏輯，並與過去的認識吻合、不存在矛盾。但科學家主要對死物感興趣，哲學家則對生存之道和如何維生也感興趣。只有認識清楚生命之道的人，才能掌握生存和維生之道，不然其理論就只能應用於局部環境，系統並不完整。關於生命之道，我將會在下一章詳述。

科學家的另一項追求，就是分辨真假。可以說，世上存在的東西都是真的。看得見的與看不見的，實物與非實物，都是真的。假的都是由人類構想出來和杜撰出來的。那麼，人的腦袋如何分辨真假呢？大腦又是如何學習的呢？邏輯如何得來呢？上文我們提到腦袋的思考有十種輸入渠道，但如果我們的輸入渠道只有一種時，便會較難（有時甚至無法）分辨真假。比如，現在的虛擬實境（virtual reality）和高質立體音響（hi-fi stereo）技術，都是太真實的夢，能造成以假亂真（魔術更把以假亂真定為目標）的環境。在這種情況下，倚賴單一渠道很難確定真假，大腦需要其他渠道幫助證實。想像出來的東西也如是，人可以有很多虛假的幻想，可以天天發白日夢，但如何證實那些只是幻想？比如，很多人談到天堂，但當你叫這些人形容天堂時，他們都無法清楚說出來，而且每一個人形容的天堂都不一樣，所謂的天堂或許只不過是一種想像而已。

偽證原則與多角度認識

　　科學家所追求的，就是要證明他們的觀察和想像不是假的，也不是錯覺。要證實為真，可以循多於一種渠道入手，看能否得出相同的結論。科學家驗證的事件可以分為與生命有關和與生命無關之事件。與生命無關之事件（或稱"死物事件"，像水加溫會變蒸氣等），科學家可以把事件重複製造，去證實其真確性。但像人為的論事，比如你跟我說第二天會送 100 萬元給某君，我立即轉告某君，之後我出門遇上意外身亡了，某君來問你要 100 萬元，你說沒有答應過，而某君也無法證實我是說實話還是造假，像這種事就無法去證實了。

科學家波普爾（Karl Popper）有一個證偽（falsifiability）概念，指的是如一個理論 / 想法在測試時，那怕只要有一次不能驗證，就不能視為真實，並同時指出必須有方法證實為偽，才是科學。當然他也承認做實驗時會出現雜訊（noise）。他說很多我們認為是對的說法，事後證明其實是錯的。比如在伽利略（Galilei Galileo）誕生之前，我們認為太陽環繞地球轉，後來證實是錯（false）。波普爾認為現時被視為正確的，一定要有錯誤的可能性才算是科學。但我不同意，因為**認識有不同角度，由新的角度認識到別的知識，並不代表舊的認識就是錯，主要是因為事或物都有不同的狀態**。比如，我們現在知道地球是球體，但以往說地面是平的也不是錯，因為我們是用一個較小的面積或較狹窄的範圍來看，在這個語境下說地面是平也無可厚非。

　　另外，當我們深入認識到水（H$_2$O）是由氫與氧組成，並不代表我們本來對水的認識是錯的，而當我們認識到氫（H）之內還有原子時，也並不表示世上有氫以及過往對氫的特性的認識是錯的。又比如在生物而言，生物的很多特性只會在某一個狀態／環境之下呈現。如人類只是飢餓時才需要進食，飽足了後就不需要再進食了。此外，生物還會有自我改變的能力，除了外在環境的變化外，內在也會主動變更，其變化要比死物豐富得多。波普爾把科學家對認識的無窮追求，誤解為科學要有偽證的可能性才算為科學。他的此一錯誤源於沒有想到對事物能作多角度的認識。

對事物的認證

　　何為合邏輯？邏輯裏有演繹法（induction）和歸納法（deduction），這是兩個推論的方法，但如何分辨出是否合邏輯呢？在面對新的想像時，要看它與過往以一種以上渠道所學到的知識是否吻合，來作出比較。如果不吻合，要不是新的想像有問題，就是舊的認識有問題。演繹法和歸納法也是以新舊認識做對比的，主要是通過不同渠道去考證所認識的不只是幻想而已。比如說一個蘋果，我們可以想像到，可以看到，可以嗅到，可以摸到，可以嚐到，用手拍它時可以聽到。也就是除了想像以外，還有其他五種渠道去認證它的存在。再比如，前世和來世的說法，如果沒有辦法以第二種渠道認證的話，那只能停留於想像的階段。科學家大多把精神投放在世上的實物，並驗證它們的真偽。實物不僅指能看到、聽到和觸到的，也包括通過其他思考渠道所能認識到的。像數學的定義 1+1=2，雖然是想像出來的，但我們在實際生活裏把一物加上一物可以得到兩物，故有其他渠道去證實這概念的存在和真實性。像核子、X 光等，雖看不到，感覺不到，但也可以通過其他渠道證實它們的存在。**要證實真與假，是否用科學方法不太重要，主要是做到多渠道認證，跳出純粹想像的範圍。**笛卡兒（René Descartes）單憑想像去推論神的存在，那不能認定為事實，因為他還沒有其他想像以外的渠道去證實這個想法。

如把宇宙內所有的東西稱為"物"，那科學家可以説是"物理學家"了，他們理解物與物的關係和認識物的本質。這些實物更正確地應稱為"死物"。這幾百年來，科學家對死物的認識有了很大的成就，但對"生物"卻沒有多設想，導致今天社會出現這麼多問題。所謂的生物學只限於生物的"死功能"，而不是生物的"真生機"。我們需要審視，到底甚麼驅使西方文明能展開 18 到 19 世紀的工業革命？只憑知識不可能取得這種成就。

訊息和知識雖有用，但只知道表面的知識並非真正的科學家。中華文明很重視知識，有孫子的"三十六計"，學者就去學這"三十六計"。然而，西方能製造核彈，想想若面對核彈，能用哪一套兵法去打勝仗？即使盡用三十六計也沒有用。正因為科學被錯誤認定為知識，使很多人尤其是中國人被誤導，以為只要學到知識就行了，也不再去追求更多的認識了，認識並沒有得到應有的重視。

思考以發揮腦力

了解思考的運作和功能後，也要知道如何思考才能更有效發揮腦力。**在思考時最重要是定義。如果定義不清，則無法思考，那是一開始就錯了。不清不楚的事物，無法帶來思考的結果，在腦裏也無法出現，那就無法拿來作參考之用。**What（是甚麼）、why（為甚麼）、mean（意味甚麼）和 dynamic programming（動態編程法，以終為始的倒向思考法），都對思考有很大作用。當人問你 what is it（這是甚麼）時，他是要你告訴他，在你的記憶裏對這題目的知識和認識。如你對這題目的記憶並不清楚，你根本無法好好回答。所以在思考過程中，你需要先去為思考的題目作出提問，看看自己到底知道和認識多少。

其次，要問自己到底出於甚麼原因，會有這樣的想法，也就是 why。這個階段要求自己進行"理"（reason）的步驟，並把關係找出來。由於物與物之間有眾多和不同的關係，因此有需要用不同角度去看待和理解。

接着，問自己 what it means，找到意味便能引導你找出對解釋事情有幫助的角度。**問"目的"是甚麼，便是收窄思考範圍的一個方法，這樣可使思考有方向，能把無關和不合邏輯的去掉**。在思考意味時亦需要留意題目是否與生命有關，與生命有關的事，需要先考慮目的和價值觀，而價值本身亦與目的有關。沒有了目的，原先的一些價值觀也會無以為繼。舊的目的改變，又或新的目的出現，兩者都會改變價值觀。每個生命都是各自的個體，而每個生命每時每刻所遇到、感到、想到的都不一樣。他們的價值觀也時時刻刻在改變。總的來説，**目的和價值觀，是不同的個體生命發揮正或負能量，以至有沒有成果的關鍵因素**。

動態編程法（Dynamic programming）有助你去思考何謂正確，以及當問題出現時，去審視目的是否出錯。史帝芬·

品克（Steven Pinker）在他的著作 *How the mind works*（台譯：
《心智探奇》）裏提到，思考在有任務（task）下的情況操作得
最好。任務就是要有目的，有清晰的目的才能去思考，才
能知道要思考甚麼。比如你乘坐一輛計程車，告訴司機要
去 A 處，A 處就是目的地（目的）。在司機的腦裏出現的第
一個影像就是目的地，之後是他的所在地和如何能由所在地
開車去到目的地。所以關鍵是要有目的。再比如，動態編程
法指出，如果你想由樹幹去到某一片樹葉，最有效的方法是
以樹葉為起點去找樹幹，之後回過來走。同理，**在考慮事情
時，要先去找到目的，如無目的就無法知道自己走的路是正
確還是錯誤。當知道目的後，回過來思考會較容易看清楚前
路"該"怎樣走。**這意味着可以用"該"去思考，以分辨對錯
和該走甚麼路。今天社會的問題，主要出於對生命的目的不
認識，不知道自己該怎麼走。出現兜圈子的"三十年河東，
三十年河西"那種無法進展的情況。

擴大思考範圍

美國系統學家徹奇曼（C. West Churchman）寫了一本書，
名叫 *Challenge to Reason*（台譯：《挑戰思維》），對思維的挑

戰有助人尋求更大的思考範圍，對找出真正的目的有幫助，也有助於找出正確的角度。**如實行思考時發現，事實與腦袋裏的想像或理論不符，那可能是理論出錯，也可能是理論的範圍不夠大**。理論如有穩妥的立足點，會較有説服力，而建立理論的目的，最終還是要去實踐，實踐的結果便判別了理論的對錯。只有能分辨對錯，我們才能尋求進步。

　　對於死物的理論和思考，可按結果來肯定對錯。但對生物而言，判斷前有需要知道環境和目的，這是因為生命是有目的的。在不知道生命的真正目的前，或許會追求了錯誤的目的，或許會把工具當成目的，或沒有從環境因素去考慮問題。在這些情況下得出的理論，往往只能解答某些問題，但同時卻製造出更多問題，導致經常兜圈子。只有認識了生命真正的目的，才能知道何謂對與錯。下一章將討論生命究竟有甚麼目的。

第 2 章

生命的目的

　　當今社會百病叢生，主要源於人們思維有誤，以及對生命的目的缺乏認識。上一章討論了思考的運作方式，本章集中討論生命。先說生物與死物之別。一根蠟燭上的火，在有氧氣的環境下可以燃燒，能產生化學作用；當蠟用完了或氧氣不夠時，火就會熄滅，燃燒便會終止。它的特點是完全被動的。而生物卻有主動性質，生物會主動尋找資源，以維持本身所需的化學作用，直至該生物無能為力為止。一個最基本的生命，以至像人類這樣最先進的生命，都有這個共通點。

　　至於這個世界當初為何會有生命，在這裏暫且不談，但無論如何，死物沒有主動力，生物卻有主動力。**而那主動力，就是源於繼續生存的慾望——生物的目的就是去維持生命。**要維持生命，生物需要維繫各種化學功能，這些功能背後需要資源，亦需要工具。這些工具包括核醣核酸（RNA）、去氧核醣核酸（DNA），以及細胞和生物的感（受）與理（性）。主動性亦意味着生物必須是一個個體，只有個體才能提升，例如有手，有腦，有軀體，若不是綜合為一個個體，所有器官散亂的話，就無法主動行事。另外，主動性亦意味着有能力，否則就無法體現出來。以上可以總結為生命的基本特點。生命源遠流長，由約翰 · F. 阿得金斯（John F. Atkins）、雷蒙德 · F. 格斯特蘭德（Raymond F. Gesteland）與托馬斯 ·

R. 切赫（Thomas R. Cech）於 2006 年合著的 *The RNA World*
（大陸譯：《RNA 世界》）也認同有 "prebiotic world"，即在
生物出現前，生命世界就已經存在。

生命與維生能力的提升

　　生命運用資源，目的是提升其維生能力。達爾文（Charles
Darwin）主張 Survival by natural attrition（適者生存），即生
命際遇只受環境主導，那是錯誤的。因為他忽視了**生命自我
提升的主動性**。地球上的環境無窮地多，大環境下又有不同
的小環境，也有穩定和不穩定之環境，當中 "機遇" 就是不
穩定的環境。有些生命能洞察得到這些環境，有些生命則洞
察不到，因為環境並不穩定。不同的生命會從這些環境中，
主動以它的方法尋求生存空間，而那就反映了生命有主動
性。以例子說明，就好比我和你的生命，就選擇了不同的生
存環境：我在中環的寫字樓上班，而你可能選擇在家工作。
有些人會從商，有些人則從事文字創作。司機和小販所看到
的生存空間，又和你我的不一樣。因此，大家儘管是生活在
同一個環境，呼吸同一種空氣，但仍會帶着不同的視角和選
擇。生命要繼續生存，就必須發揮其主動性。每一種生命，

都在它所認識的環境和處境下去發展和演變，並進化成不同的生命。正因為這種主動力，大自然裏才會演化出無窮無盡的物種。所以，看待生命不能只從環境的角度來分析，環境沒能反映出生命的價值觀，而且不同生命在同一環境下的處境也會不一樣。除我之外，作家 Joan D'Arc 在 *Space Travelers and the Genesis of the Human Form* 一書的第五章裏，也表明自己不認同達爾文的結論及其理由。

世上有些物種已絕種了，那是因為其主動力較弱。達爾文以為那是因為其不敵於環境，但我認為只要物種的主動力夠強，生命其實可以把它受環境的影響縮小。就像有些雀鳥，在嚴冬會由北方飛到南方，也就是發揮主動力，去改變環境。植物的主動力較弱，但也會追隨着陽光而生長。而人的主動力，則是在一眾生物當中最強的。人能發明空調機、電燈泡，都是在不變的環境下去主動尋找改良空間。當中不牽連“適”字，因這些主動能力，人類才能擁有能力去適應轉變。

再舉一個極端例子。人類發射飛船“航行者一號”（*Voyager 1*）往外太空，超越太陽系，到達比冥王星更遙遠的地方，那是所為何事？那是證明了人類不受環境束縛，會主動尋求提升個人的生存能力，而這正正反映了達爾文理論的漏洞。其實也不需要說到太空這樣遠，就是獵人創造工具打獵，古人創造汽車代步，都可以說是一種生存能力的提升。

　　這種提升的動力，即使在最脆弱的生命中也存在，它們不一定要具備大腦。而提升的方法，就是多用不同工具，如 RNA、 DNA 等等。DNA 會改進體能，改良生命的硬件，把經歷記下來傳給後代。最早期的生物是單細胞生物，它逐漸提升而變得複雜，成為多細胞生物，再演進為昆蟲。直到演變到為恐龍時，就是體力最強盛的代表。若純以體力跟恐龍抗衡，是沒有取勝的指望，牠們能在天際飛翔，又有尖牙利爪。可是世上有細菌，能走進恐龍的身體，尋覓它的生存空間。這些生命，會從其他生命身上索取資源，加強自身的能力，再進行演變。經過多年的演變，便衍生了成萬上億個不同生命的存在方式。

求存與追求理想

　　達爾文只看到因為恐龍被大自然滅了，就認為生命的存亡僅是取決於大自然，得出了物競天擇（natural selection）和 survival by natural attrition 的結論。但他沒有去反思，為甚麼世上還有這麼多生命存在？這可以由生命的最初期去思索。生命所以出現這樣多種類，就是因為生命對不同的環境和大自然有了認識。雖然大自然可以殺死某類生物，但只要有一類生物仍能生存，這類生物又可以演變出能克服大自然環境的新生命，去作出對抗。所以，生命能在這世上生存，主要原因是靠自己的機靈（ingenious）和堅強的維生決心（determination）。大自然的確對生命之存亡有影響，但存亡與否不取於大自然，因為生命可採取多樣化的方法去維生。

生命的目的還不只是求生存（survival）那麼簡單。人類就是好的例子。想維持生命並不等同想生存；想生存不過是求"不死"，但想維生則在"不死"的前提之上還有其他因素。不同生命之間維生能力的分別，體現於其主動的力度。主動力強的生命能生活得更好，乃至能追求理想。何謂值得追求的理想呢？就是以"理"而不是"感"為基礎、考慮生命一切因素後所得出的方案。這個在往後會再說明。最終理想能否實現，則是取決於"能力 + 運氣 = 成果"這一條方程式，當中的運氣包括了大自然（nature）的因素，但卻不囿於大自然，人為的因素也牽涉其中。

這形形式式演化出來的生命，對人類是好事還是壞事？像天花和黑死病等病毒的繁衍，對人類生命有危害的，便一定要消滅，所以人類對其他生命，其實沒有必然要保護的道理。保護與否，必須先認識和判斷那種生命是有利還是有損人類的生存，這應是我們處事的標準。例如，假若日後感冒疫苗成功發明，能夠一針抵抗所有感冒病毒，那肯定能延長人類的壽命。又如，大樹倒塌險令途人喪生，那棵有危險的樹應該拔除，雖說環保很重要，但當影響到人類的生命時，便要以維持生命為標準。

毛澤東在這方面便曾出現誤判。1958 年 1 月，毛澤東下令"除四害"，命令全民殺麻雀，以免農作物被啄食。可是接下來的一年就蝗蟲成災，因它們失去了天敵，農村的作物都被蝗蟲吃得一乾二淨。可見毛主席殺雀，根本不利人民的生存，那便是不可取了。這亦顯示了知識淺薄為害甚深，我們須了解某種生命失去了，到底對人類是禍是福。

體力提升與腦力提升

生命要能生存，就要自我提升，這可算是生命最原始的工具。這種提升要怎樣體現出來？可見於生物的能力，包括本身自有的能力，如四肢；又或由生命創造出來的工具，如機器。這些能力都是生物賴以維生的工具。靠 DNA 形成的能力，是與生俱來的；反之，靠腦力形成的能力，則是後天創造的。人類能有今日的發展，主要是靠後天的腦力。腦力能製造能力的速度和數量，遠遠超越 DNA 所能演化出來的能力。DNA 帶給我們的主要是體力（或稱勞力），這是馬克思主義的致命傷。馬克思的勞動價值理論（Labour Theory of Value），重視勞力的價值，但卻忽視了腦力的價值其實遠遠超過勞力的價值。微軟創辦人比爾·蓋茲（Bill Gates）、英特爾（Intel）創辦人哥登·摩爾（Gordon Moore）靠的是腦力。同樣，大陸的袁隆平改良穀物種子，把水稻的產量提升了 16 倍，試想想他的腦力，可以相當於多少把鐮刀的力量？他的腦力價值，一定比勞力大得多。百多年前，馬克思或許未能洞察這一點，但這個道理在現今世代已越來越清晰。**腦力能創造更多的能力，而勞力的發揮則相當有限**。這點會在往後談 "經濟" 的章節再作詳述。

人類能力演變的階段

人類能力的演變可分為三個階段：**第一階段靠反應**。例如久未進食，身體就會有反應，給你飢餓的感覺，提醒你去進食。心臟會跳動，也屬反應式的機能，你不用主動做甚麼。於生命的早期階段，在提升生命的目的帶引下，生命是以這些自然反應（reflex）的方式去適應環境。

　　第二階段靠感受。例如我感到寒冷，於是穿衣。"感受"分為兩種——壞感受與好感受，它也是提升生命的一種工具。我們主要是靠壞感受來維生，我們生存不一定要有好感受。很多人只要有飯吃，有房子住，排除了風餐露宿這些壞感受，就覺得可以生活了，也再無更高的要求了。

　　那為何需要有好感受？吃山珍，住豪宅，對生存有甚麼意義？好感受主要能引誘生命繼續去生存。不然有些人只要去除了痛苦這些壞感覺，就沒有太多提升的意欲了。當然追求好感受，亦可能會成了物慾的奴隸，故我們要注意，好感受可再分為兩類：一類是物質上的，一類是精神上的。美食、名宅是物質上的，做點好事以提高維生能力則多是精神上的。然而，做好事所得的結果，也可能只是物質上的結果。比如說，有人捐錢給某學校之餘，要求學校某大樓以自己的名字命名，目的是為自己揚名，好多做生意或讓後代能得到社會照顧，那便只能歸類為物質上的好感受，他們行善也只不過滿足了物慾。

　　在我們尚未認識生命的目的之際，就經常會以物質的一類好感受作為我們的最終追求。像美國人常說經濟增長，刺激消費，但美國即使有很多人大額消費，卻還是沒有感到快樂。因為他們沒有認識到，這些好感只是工具，以工具作為最終追求，最終只能得到工具，而不是滿足和提升。很多人高談理想人生，心目中卻只是好感受越多越好（甚至認為人生最高境界是從吸毒獲得好感受），那是錯失了生命的目標。**人類來到這個世界，並不是出於自己的意思；那是生命的源頭，它要我們來到這裏，而它的目標，就是維持並提升生命。我們應服務生命的源頭，這是我們的任務。因着這個目標，我們就能做到"超己"——超越自己的私慾，得到精神上的好感受。**這是生命創造好感受的真正目的。如追求好感受只為一己之利，那斷然無法得到真正的好感受，即"做好使命的安詳感"。這也是很多人都渴望內心平靜安詳的原因。

　　人類能力演變的**第三個階段就是"理"**。第一章已詳述過，那是人類最強而有力的一項生存工具。現時世界的問題在於，很多人以為"理"的存在意義是去服務"感受"，例如領導人指幸福是人們的終極追求，可是到底甚麼是幸福？卻還沒有弄清楚，更奢談追求了。若幸福是指好感受，那就不是人類最終的追求目的了，最終的目的應是服務生命。服務好生命，人類自然會得到幸福。我們的"理"，並不是用來滿足物慾一類的"感受"。

　　舉一個簡單的例，有人愛好美食，吃得精、吃得多就

感到快樂。可是吃得多可能會引發糖尿病，於是我們會通過
"理"來限制我們追求這些好感，以滿足維持生命的目標。
"理"可以對"感受"的價值有所改變。這解釋了"理"是不應
服務"感受"的，而且"理"比"感受"重要。

生命與"理"的世界

　　其實可以用以下論述去認識"理"對文明及生命的重要
性。生命在演變的過程中，初期學到的知識是用 RNA 和
DNA 的方法記載下來，而基因和染色體就是記載和使用的方
法。這裏亦記下了如何複製身軀及感受之功能。腦袋之記憶
功能與 DNA 的記載基本上一樣，兩者都可以把經歷記下來。
腦袋的用處，就是更好的為生命解答如何回應維生挑戰。這
與生命的初期狀況沒有不同，但 DNA 的演變很慢，腦的釋
係（"理"）能力卻要比 DNA 的演變強和快得多。"理"對認
識是非對錯也要比"感受"準確。腦袋就是由生命早期的生
物技術（biotechnology）上的操作延伸至"理"的操作。現在，
人類已由以"感受"為基礎的操作方法，逐漸走向以"理"為
基礎的操作方法。這並不是說以前的基礎不存在，而是出現
"理"之後，人類可以更好的利用過去的一切來為生命服務。

文明要做的，是如何去完善一個以"理"為基礎的世界。

團體式的生命提升

生命的演變有它的模式。首先，是由簡單的個體演變為複雜的個體，這是它自身的一種提升方法。第二種模式是認識到個體與個體之間可以合作，可以分工，因此人類出現了兩種性別，兩性體現了一種專長類別的分工，這能更有效使用資源，通過繁殖來加強人類的維生能力。生物要能夠生存，可通過兩種方法：一種是團體式，螞蟻和蜜蜂是表表者。整個蟻窩、整個蜂巢都是同一個家族，當中形成了清晰的分工。兵蟻負責打仗，工蟻負責做工，蟻后只負責產卵。要做到這一點，團體每個成員必須照顧同族的利益，而其生命演變亦反映了這個因素。一窩蜜蜂或許有一千隻，它們也各施其職，在照顧同族的利益下，它們就形成了一個團體。單隻蜜蜂能提升的能力很弱，但結集起來，一個團體的維生能力就強大得多了。

人類也由不同的部分形成，我們體內有不同的細胞，有肝，有皮膚，有腳趾，有血液，有腦袋。人要妥善運作，以上每個功能或器官都必須同時考慮其他功能的利益，包括腳趾甲也有它的功能，也需要把血液供應給它。而當中必須有一個角色，去支配這些功能，令各個功能互相配合，而這角色就是人的腦袋。

不同身體部分之間可以合作，也可以動武。要達到更好的維生目標，各部分之間應彼此合作，希望達到 1+1=2 的結果；若互起衝突，就可能變成 1-1=0 的結果。以人體為例，假如肝臟發生癌變，不斷增生，就會破壞身體其他功能。

要配合得好，腦袋就要負責整體的規劃和操作，不可以自行坐大。它要服務每一個單位，考慮各個單位的要求，並照顧它們。身體的每一個功能都要獲得照顧，因為哪怕只要有一個單位萎靡，整個身體亦無法運作下去。腦袋並且不能因為某些功能的數量較多，就獨愛它們。例如人有四隻手，那腦袋是否就要聽從手的吩咐，因為手代表的票數最多？（民主政制正有此弊。）假如把血都輸到手去，腦袋沒有血了，那人就會死，那手也無法獨存矣。

要社會運作得好，也要視社會為一個"身體"。身體內的成員必須配合良好。這帶出了印度和中國孔子昔日的問題：他們為了管治，就把人分成不同階級（例如印度的種姓制度，中國的封建制度），並為各階級分配職務。**但提升需要靠個人，團體是笨重的，就像二人三足非常笨拙，它是難**

以集體提升的，那只能憑藉個人的提升，以推動整個團體也向前邁進。發明者如愛因斯坦是個個體，因思考是很個人化的事。大家可以交換意見，但真正創作是靠個人完成的。假如人類只能做到螞蟻和蜜蜂的社會階級，那人類整體的提升能力並不強——儘管那團結的力量相當有用，但要再提升就談何不易，因為個體無從發揮。

中國現在出現了兩個大問題。第一是太階級化了，階級的確帶來和諧（蜜蜂的社會很和諧），但提升的動力微乎其微，因為提升的重點在於個人。第二是忽視領導人的目的。中國在演變的過程中，並沒有意識到領導人要為整體而努力。正如腦袋不可能只顧自利，而疏忽其他功能，腦袋也不是為了自己而是為了身體各部份而生存的。帝王制度是積習難返了，以致中國社會的各個"身體"仍未完善，仍在演變中。其中最大的弊端，往往是沒看清楚生命的目的，令領導人以至平民百姓都只是為了自己私利，生命的演變成果欠佳。

日本社會的"身體"要比我們完善。中國人眼裏的"身體"就只有個人，最多廣及親戚和朋友，但社會的"身體"卻是不見蹤影。中國人看的只有家族利益，歷來皇族都是家族，故社會整個"身體"的維生能力比不上日本人。當然日本人也有缺失，日本的社會較接近螞蟻模式，着重服從，提升的動力不足。他們富整體能力，但缺乏個體創作能力。

"能升整利"的概念

民主政制講求數量，如腳趾的數目多，就由腳趾話事，甚至可以代替腦袋，可是它們未必有這個能力和洞察力。生命的演變是很清楚的，它為了提升，由細胞演變為個體，以至互相合作的羣體。但不同個體之間又會有衝突，抵銷了生命原有的提升目的。**要社會發展得好，必須讓個體保持創作的機能，那是資本主義的目標。但當資本主義走向極端時，整個社會的利益便被忽略。故社會需要考慮怎樣把提升所得的資源妥善分配，以體現最佳的維生能力。而這就是本書的宗旨——"能升整利"。**資本主義只做到"能升"，卻未能達到"整利"；馬克思主義則連"能升"也未做到，更奢談分配，比西方的其他制度更為落後。世界上部分政體有見馬克思模式失敗，就改行資本主義，卻未有留意到它亦有其弊。最重要是做到"能升整利"，生命才能體現其維生能力。

自由也關乎這條思路。若自由受限制，發揮的創造力就有限。但若賦予人自由，人人卻只是為了自己，個人囤積厚利，其他個體便無法發展，整體生命的提升也是乏善可陳。

一個理想的情況是，科學家憑藉個人才智有所發明。他可以教導其他人，把這些生命提升的動力與眾分享，到他辭世也無遺憾，因為他履行了來到這世上的使命，提升了生命，利及眾生，使羣體發揮到更大的力量。成功營商的超級富豪在辭世後，也該把社會資源（金錢）與眾分享。生命的學問，就是要讓個體與羣體互相配合，個人能發揮之外，又能利及羣體。要達到這個願景，便需要領導人來帶領，亦需要合宜的社會機制配合。

出於愛好的進步觀

生命本來就是這樣發展的，只是我們沒有領悟生命的意義，導致人類互相鬥爭。有些人崇尚競爭，並指沒有競爭就沒有提升的動力。但提升本來並不源於競爭，而是源於生命有提升的慾望，競爭是爾後才發生的事。不少人之所以努力是為了得到提升的成果，而非為了爭勝。就像發明原子彈的傑出物理學家莉澤‧邁特納（Lise Meitner），也説她主要是想鑽研物理，而非要進行軍事競賽。雖然企業之間的競爭，也會推動各家企業尋求進步，但那不是最大、最主要的動力。真正的動力其實源自愛好。

現時世界上其中一個問題是過度競爭，因而常出現
1-1=0 的情況。這包括生養太多，人口太盛，自然會造成互
相競爭。這反而令我們無暇去追求發自內心的提升，把人類
文明提升至另一個階段。這種出於愛好的提升屬於主動式，
其力量比被強迫的要大。當我們認識了生命的目的，便應嘗
試改變整個機制，控制人口，把被迫出來的提升動力轉變為
較聰明的愛好式方法，由推動去到引導。

過往人類追求百子千孫，主要因為能力尚未足夠，只能
以量取勝。再者，當年嬰兒夭折率高，嬰兒能夠"滿月"已
是一件喜事，要設宴歡慶。但今天人類的能力已是一日千
里，沒有需要像老鼠一樣追求數量眾多，更何況量多也不一
定能取勝，像宋朝的中國人比蒙古人多，清朝和二戰時的中
國人數量雖多亦不敵日本。我們根本沒需要追求量，相反，
**我們還可藉着減少人口而避免過度競爭，這正是人類提升的
一個契機。**尤其是中國的人均資源量現已屬全球最少之列，
當最基本的維生資源不足時，痛苦難忍，兇性就難免出現。
一個社會想脫離性本惡的環境，要不增加資源，要不減少人
口。假如生產能力的速度追不上人口的增量，這個文明就只
能處於性本惡的環境。地球就只有這麼大，再高的科技成就
也承擔不了人口無窮無盡的增長，到其時只會出現更多的競

爭，使後代永遠脫離不了兇惡的社會。只有減少過度競爭，社會才會趨向和諧，否則“和諧”只能流於口號。**控制人口數量，是社會由性本惡過渡至性本善的最基本政策。**

很多國家憂心人口太少，於是盲目追求人口增長，那是因為它們以經濟增長作為目標，但我們的目標應該是一個理想的社會，而非經濟增長。香港也必須討論它要追求一個怎樣的社會，並從而制定人口政策。人口無限量增長，人均資源只會極為不足，社會不可能變好。事實上，香港人口若減半，説不定更為理想。截至 2014 年 6 月，新加坡的公民不算外勞就只有約 334 萬人，故香港即使人口減少，也能足夠支持這個經濟體，與其增加人口，提升生產力才和像瑞士那樣選擇低經濟週期影響的行業（產品）是上策。

“超己”的生存意義

經濟增長與環保抵觸時，也會不利生命的延續。經濟增長或會造成過多的空氣污染，或過度消費。若每個人都想買十架車，住巨宅，就要耗費很多金屬、木材和能源，並造成全球溫度上升。所以，**經濟增長並不一定有利生存，甚至還會妨礙生存能力，削弱後代的生存機會**，那樣經濟增長便是一件壞事了。這又返回"感受"與"理"的爭論上，以上提到物質上的好感受不應是我們的最終追求，否則環境破壞、全球暖化、海平面上升的問題只會日益嚴重。到時我們不只追求不到快樂，還只會招致重大的痛苦。

　　人無法做到"無己"，若不滿足自己的慾望，就只會被其煎熬，故實際上人只能做到"超己"，滿足個人所有的慾望，那就不再需要只求為自己，到那時就可以全情為生命服務。生命把你帶到這個世上，是為生存而服務。人本身就是一個工具；人的一切感受和需求本身都是工具。**生命只有兩個目的——想生存下去，以及提升生存能力**。只有這兩點是生命的真正本性。生命的其他特質都可以改變，無須視為理所當然。因為這些特質都是按需要在不同環境下創造出來的。新環境下會衍生新的需要，而老的文化和習慣不一定是最好的了。人生的目的就是對生命有意義，人離世後他的一切只會對其他生命帶來意義。能否做好你的使命，取決於你有否認識生命的真正意義，還要加上你的能力和際遇。

第 3 章

西方的成功因素

　　18 世紀以前，英國的經濟增長仍然疲弱，但自 18 世紀開始便一飛沖天，原因何在？當年最突出的是工業革命。那是怎樣誕生的？一般人把工業革命歸於兩個原因：第一，14-15 世紀前宗教管制了思想自由，爾後思想獲得解放；第二，15 世紀古騰堡（Johannes Gutenberg）發明了印刷機，令知識得以迅速傳播。加上德國天主教的紅衣主教馬丁・路德（Martin Luther）把舊有的拉丁文《聖經》以當代的語文重新整理，加以印刷流傳，提高了人民傳統（conventional）文字的識字率，文盲減少了。一般都認為這兩個因素引發了西方的工業革命。

　　這也沒錯，但並不是真正的原因。最能代表工業革命的是甚麼？那是蒸汽機。有沒有想過製造蒸汽機需要甚麼？蒸汽機由瓦特（James Watt）發明，不過他的成品並不可靠，後來威爾金森（John Wilkinson）通過算術，把活塞應有的弧度計算得更為準確，亦把汽缸的鋼材原料加以改良，蒸汽機才能為工業革命發揮作用。歸根究底，那需要數學和化學基礎。

　　在 16 世紀，法國人的化學知識飛躍，其中法國著名哲學家笛卡兒（René Descartes）本身就是化學家。在此之前，世人認識的化學元素只有 12 種，但到 18 世紀初已增至 26 種。

西方的四種文字

　　上一章提到，人類與動物的主要差異在腦力，而腦力真正飛躍是在文字發明之後。為甚麼是文字而不是語言，是因為只有文字才能把經驗準確地記載和累積下來，並流傳後代。那是文明進步的基礎。非洲撒哈拉以南不少文明並無文字。假如沒有文字，各種知識經驗最多就只能流傳兩、三代。

　　文字得以發明，與當地社會的治理方式有關。古代美索不達米亞（Mesopotamia，約今伊拉克）人為建設水利工程，發明了會計制度，以準確地管理所需物資和資金以至建築方法。當有了會計制度，就會有相關符號去表達會計的概念，那可稱為“會計文字”。文字發明的目的，是管理較大的社團和較複雜的事項。有研究指出，猩猩每到 200 隻以上左右，就會分解為兩個社羣，因為牠們中間沒有文字，難以管理 200 隻以上的羣體。撒哈拉以南部落，也是到 400 人左右就要分為另一個社團，否則在欠缺文字之下難以管治。

　　文字本身是一種傳播知識的中間體。一個人要懂得文字，才能獲取書中的知識。中國人在很早期便創有文字，但只發明了一種傳統的文字。**然而，西方人卻發明了四種文字：傳統文字、化學文字、數學文字和音樂符號。**前述美索不達米亞人的會計文字，可歸類為數學文字。要成立一個文字體系，需要極多腦力，那並非一個人的工夫，而是要動員整個文明的力量，建立起一種文化。2,600 多年前，希臘已盛產數學家，但那時的數學概念仍是用傳統文字表達，很難令人明白，故無法傳遞給大眾。18 世紀初，奧地利瑞士籍的數學家萊昂拉德‧歐拉（Leonhard Euler）改良了數學文字，變成了我們今天所認識的數學；較早期的牛頓在這方面亦有貢獻。

　　數學有三個特點，第一是代數（algebra）。如 A+B=C 可作為 1+2=3 來應用。第二是式樣（pattern）。圖案有一定式樣，可以進行推演，例如已有兩個由四個正方形組成如同 "田" 字的圖案，可推算第三個也是 "田"。第三是角度（perspective）。例如長與短的比較，就是認識距離的一種角度；此外亦有認識重量的角度，可簡稱為 "度量衡"。

　　外國人能發明四種文字，憑藉的是甚麼？是不斷地在原有的基礎上提升。要了解這個道理，可以引用杜謝恩（Ricardo Duchesne）在其著作 *The Uniqueness of Western Civilization* 第五章中提到別人的一句話："The model of the successful Greek philosopher was the one who challenged existing explanations by trying to deliver 'new' and 'better' explanations and by seeking incontrovertible truths based on the strictest modes of demonstration (Lloyd 1996)"（翻譯為：成功的希臘哲學家有一個模式，就是會挑戰"現狀"，嘗試提供"新的"和"更好的"解釋，並以最嚴謹的論證，尋求無可置疑的真理。）這裏的關鍵字是"新"、"更好"、"真理"、"論證"和"挑戰"。新和更好就是有提升的動力，真理就是會分辨對錯。這是西方文明創造四種文字，並繼而衍生各種發明的基礎。他們能不斷發揮腦力，提升維生能力，那是西方人真正的成功因素。

腦力的價值

　　西方文明當中，最會發揮腦力的是猶太人。全球猶太人只有幾千萬，但卻囊括了歷來 25% 的諾貝爾獎。他們是怎樣做到的？猶太教有本經典叫《塔木德經》(*Talmud*)，當中包括教導信眾如何學習、守紀律等。但學會學習和守紀律，也並非令他們真正成功的原因。真正的原因是猶太人在社會裏每一天都體現了用腦的價值觀。猶太子女問父母每一件事的緣由，父母都會耐心解說，不像中國人的父母，會反過來叫子女別管閒事。子女問為甚麼，其實就是在學"釋係"，鍛煉思考。在子女最適合培養思考的年齡，假如你勸阻他們，他們就以為思考沒有價值了。猶太社會的價值觀，體現了對思考的重視。書末的附錄一，是一個猶太朋友教我的學習和考試方法。學會以後，學習和考試就不再是難事了。

重新認識生命

　　可是，西方文明的腦力仍集中發揮在死物身上。即使有生物學（biology）一門學科，但探討的仍只是生物的結構、器官的功能等，而不是生命及其提升的動力。生物學討論的，是生物內的"死物"，故鑽研的仍是死物的工具，而對生命那維生的意願，那真正的"生命"卻缺乏探討。這些研究死物的結果，對提升維生能力孰好孰壞？如果鑽研的是核子彈，那無疑是傑出的科技成就，但若用在攻擊人類，就只是毀壞生命。我們仍要認識生命中工具出現的因由，以彌補純粹研究死物的不足。

　　死物之間的關係是直接的：一張紙加一張紙就有兩張紙，鐵加碳就變成鋼，同樣的因必定會得出同樣的果。這是因為死物沒有主動力。可是生命有主動力、有價值觀，所以同因未必得同果。每個生命對事物的認識能力有所不同，再加上各自的價值觀差異，行事的結果也就不同了。這也是為甚麼不能僅從環境的角度看待生物，而要以處境去觀察生物。對待生物與對待死物的方法不同，死物易於了解，故過往已有長足進步；但生物較為複雜，我們對生命就有很多錯誤的理解，結果導致今天的社會仍是充滿問題。要解決，我們得重新認識生命，而那也是本書的宗旨。

第 4 章

中國衰落的因素

　　要論中國文化的缺點，最嚴重的是缺乏自省，過於自大。中國曾三次被外族吞併，分別是晉朝後的五胡亂華、元朝國君忽必烈和清朝的多爾袞。但看到這些國恥，不少人還稱"蒙古人和滿洲人到頭來還不是被中國同化"，可見中國人的優越，他們視其他外邦人只是野蠻民族。但一、兩次亡國，還可稱為個別事件；到第三次亡國，中國人實在應該開始反省：到底哪方面出了錯？可是有些人卻反而選擇沾沾自喜，小看那些戰勝我們的民族，那是否太自大呢？為甚麼不剖析一下，我們以往為何要向外族俯首稱臣？

欠缺思考事理的特質

　　自 1840 年鴉片戰爭清軍不敵英軍開始，有人認識到中華文明需要反省和改良。晚清的康有為就意識到中國國力不濟。不過雖然他有心變革，但那只是表面工夫，他不過應用他在日本留學四年之所學，僅僅屬應用的範疇。思維方式有問題，才是中國人根深蒂固的弊端。**中國人的價值觀主要重視技術（know how），因為中國是一個較為反應式（reactive）的民族，目的是國泰民安，有飯吃，心情愉快，那就可以了，不求進一步思考事理（know why）。那樣追求知識的範圍就**

狹窄了。他們不像西方文明不斷挑戰現有基礎，要尋求新知識以及更佳的知識。

　　這跟**社會價值觀**有很大的關係。孔子就沒有這種思想，他的出發點是妥善治理社會，這沒有錯，但考慮的深度不足。孔子為求和諧，主張階級分明的社會，但他太着重君主的地位，講求"家天下"。這種思想只是為了皇族，認為國家是君主的財產，當眼中沒有社會，又缺乏社會感的話，社會作為一個"大體"就不存在了，那根本是不愛國的。我們不能只以"愛國"為口號，假如國家不重視社會，中國人永遠不可能愛國。中國人沒有公德心，不排隊，不守時，也是缺乏社會感的體現，因為身邊的人不是他的親友，所以就漠視他們了。由於孔子沒有考慮到整體社會的利益，因此根本不可能達到他治理好社會的目的。

　　另一方面，古代耕種或狩獵是靠體力為主，自然造成男尊女卑的情況。但今天腦力遠比體力重要，而女性的腦力巾幗不讓鬚眉，男尊女卑的思想只會枉費了女性那一半人口的腦力。只可惜男尊女卑的情況在中國仍很普遍，相信短期內難會有很大的改善。

階級觀念

中國人缺乏思考亦與**階級觀念**有關。中國的傳統觀念是一個人屬於某個階級，他就該履行那個階級的本分，不可踰越。那是一種以為只有精英才能有將來的"精英主義"，從自古的三王就可見一斑。三王分別是燧人氏、伏羲氏和神農氏，在人們心目中他們三位便是精英，所以就崇拜這類英雄或偶像，漸漸演化成"對人不對事"的文化。孔子"家天下"的思想，使君主說對就是對，即使君主錯了也是對，令社會形成對錯不分的價值觀，這更進一步鞏固了帝王崇拜。

孔子的階級觀念，亦造成社會缺乏思考的機會。生命的提升本是個人行為，而個人能力與階級無關，這種假設"精英家族比平民傑出"的想法，令社會的提升欠全面，未能有效發揮。盲從權威是中國人思想的缺點，在一個單純的社會中，這可說是無可厚非，就像遠古的時代，總是最孔武有力的一位擔任領袖。但到了後期，知識的發展如此多元廣泛，一位領袖怎可能掌握所有的知識和事物？這樣的崇拜是否缺乏根據？可是，中國人仍愛把"我們偉大的 XXX"掛在口邊，沒有認清楚領袖也有缺陷的事實。這就是中華文明不以對錯為標準，卻以權威為標準的一大缺失。

其實，領袖失敗多是基於兩個缺陷：一是知識不足，二是操之過急。毛澤東要推動"文化大革命"，可是他對文化有足夠認識嗎？隋煬帝引進變革，但他錯在缺乏耐性，所以雖然他的不少政策均具遠見，卻是欲速則不達。

教育制度

中國的教育制度一向着重背誦，其實是過於死板，最終學生只得到一些數據，而那些數據卻尚未到達知識的層面。因此中國人的思考能力還是及不上西方同輩。

教育制度的目標，應是盡量培育更多愛好思考的人。我有個朋友很勤奮，中小學常考第一，但高中就後勁不繼，最後考不上大學，究其原因，是因為他擅長背誦，腦力發揮有限。在小學時他能憑記憶所向披靡，但到高中需要思考時他就相形見絀。而事實上，**現今記憶力的重要性已下降，知識高速膨脹，根本不可能一一記下來，兼且上網搜尋資訊十分方便，腦力相對更為可貴**。所以，學校應集中培育下一代去掌握思考方法，並且培養熱愛思考的習慣。不只老師要這樣做，家長更應如此，所以小學在開課前就要把所有家長請來，告訴他們孩子未來的前途是靠腦力，而非體力，好讓他們在日常生活中把這些價值觀灌輸給孩子。要中華文明復興，有需要讓千千萬萬的中國人都發揮腦力，那才能帶來新的提升和創新。

著名作家麥爾坎·葛拉威爾（Malcolm Gladwell）寫的暢銷書 *Outliers*（台譯：《異數》）指出，一個人若要成為大師，往往需要一萬小時的鍛煉，他稱之為"一萬小時法則"。所以要做大師，必須經歷一段漫長的訓練時期。從猶太人的經驗所見，假若他 4 歲開始學習思考，到 22 歲完成大學課程，也訓練了 18 年時間，是很多個"一萬小時"了。因此，即使中國教育制度幸運地明天就展開改革，能發揮腦力的新一代也要到十多二十年後才會出現，那時文明的進展才會開始見效。

中庸之道的缺失

最後，中國人還有另一個致命缺點：中庸之道。它背後的理念是不問對錯，只要中間落墨便好。但這只是一種解決眼前問題的權宜做法，並不長遠，於是形成中國文明偏向短視，也不好思考，不找對錯的習慣，致令文明無法進步。

以上是中華文明衰落的因素。總的來說，中國人的價值觀，令他們相比於西方文明來說不多用腦，考慮的因素較少，提升的能力也就較低，只需達到國泰民安的地步後就停下來了。中國人也不像西方文明般發明了四種文字，雖然也有些數學知識，但未能成為一種文字體系。中國人也有技術，君不見不良商人的食品造假能力如何令人大開眼界？但論到思考卻相對膚淺。所以，中國人仍須急起直追，始能在未來的世界中保持屹立不倒，甚至傲視同儕。

第 5 章

宗 教

宗教是甚麼？它的目的是甚麼？為甚麼會出現宗教？

在 2,600 多年前，中國人的社會混亂不堪，那時可稱之為進入了 "到頭時代"（End of the road era），不得不尋求轉變。當時人們用死物製造的工具，已有很大的殺傷力，若用來做壞事，將對生命構成莫大威脅。那是中國東周戰國時期，各國正陷入互相開戰的惡劣局面。那時出現了孔子，他認為社會斷不可能再這樣走下去，社會現行的價值觀已無法維持社會秩序，他希望撥亂反正。

宗教與思想

孔子提出的 "宗教" 主要論述道德操守，而由於他亦希望改造社會，其 "宗教" 的範圍較廣，包含了治理社會的理念。他整理了周禮，加上了階級觀念以及和諧社會的構想，成為了儒家思想。道德操守必定需要通過教育灌輸，而在教育期間儒家又同時宣揚階級觀和孝道等概念，逐漸形成了中國人的價值觀。儒家思想所造成的種種問題，在上一章已有論述，孔子乃儒家思想的代表人物。

在這裏，宗教的定義並不是西方所謂的 "信奉有超級能力的神的存在" 才算是宗教，而是要由宗教出現的歷史背景

和因由，先審視宗教的目的才可理解。宗教的目的是想經過
"教"導去改變人的行為。要想改變人的行為需要由人的內
心出發，才能令人出現心向的改變。這是以心向為"宗"的
意思。要真的改變心向得要用"理"。不過，在想不出好的
"理"之前，就運用了"神"和"聖"人的說法為依據，出現
了以權威為基礎的非"理"之信仰。到底是神說的還是聖人
說的已沒有多大分別了，因為兩者都是不能挑戰的權威。於
是，"理"也就到此為止了，不能讓人再思考了。由於孔子
的目的與其他三大創教者的目的都是一樣的，所以"儒家作
為宗教來看待"還是"其他宗教作為思想來看待"其實沒有
兩樣，它們都是思想，分別只在於一些創教者運用了"神"
作為工具，而孔子是以其自己的觀點為基礎罷了。神說的還
不就是人說的？只是找個權威的形象而已。這也就出現"孔
教"之說了，孔教被視為與宗教有同等的地位，於是思想就
成為了宗教。宗教（或思想）的目的，是要找出一種方法，
以改變人類的行為，避免人類對社會造成更多傷害。

　　這裏也出現了一個典型的定義錯誤，在思考時甚至連
定義也要有質疑的需要。山姆‧哈里斯（Sam Harris）和李
查‧道金斯（Richard Dawkins）分別在他們的著作 *The End
of Faith: Religion, Terror and the Future of Reason* 和 *The God*

Delusion 裏，就犯了同樣的錯。他們一開始就下定論認為宗教就是信奉"有超能力的神"的存在，結果他們花了一整本書都只能指出宗教在表面上的很多不是，卻始終無法把有沒有神的疑問徹底解答。這是典型的"開始錯，結果也錯"的例子。同時，這也是用目的方式去看待和認識生命的行為和方法的例子，當中亦說明了不少人刻意用造假的方法作出行騙。一些宗教的目的雖然是好，它們想人相信有必要有道德操守，但卻運用了不道德的方法去達到目的，當中有多少是因無知而犯錯就不得而知了。不過，這是關乎到主導人類行為的事，如果能分辨真假對錯，對生命的維生能力有非常大的影響，結果或許比知道地球是圍繞着太陽轉更來得翻天覆地。

世界宗教的問題

釋迦牟尼比孔子晚出生約 100 年，他的教育方法有點不同，他不是以治理社會，而是以人作為出發點。他思索怎樣能夠令人改過遷善，變成好人。一個"悟"字被公認為他最重要的教誨。悟是思考，那思考些甚麼？就是要認識道理。後來，他的學徒分成了多個學派，而且均聲稱自家學派的教導出自釋迦牟尼。釋迦牟尼主要講的重點包括：悟是其一；此外還有悲，那不是認識自己的悲，而是認識別人的悲痛。這亦帶出要從別人的角度和立場去看事物，而不是只秉持自己的立場。接着是仁慈，英文為 generosity，那和悲是一脈相承的，指出我們要對別人好一點，而不是只考慮自己的好處。悲是着重傷感，慈則是着重好處，兩者均指我們要顧念對方。若能做到慈與悲，就能成為善人。認識慈和悲是做一個善良的人最起碼的基礎。釋迦牟尼就是這樣從個人為出發點，改善眾生，重點是多想，多明理，多為他人着想。

　　2,000 年前，天主教由猶太教演變而成，可稱之為"耶穌教"，因它後期又演變為基督教，但信奉的還是同一位神；幾種宗教也注重道德操守，規範人的行為。和釋迦牟尼一樣，"耶穌教"也是從個人出發，但它的規範要較具體一點，當中的訓誡說明了各種不能接受的行為，也談到何謂善。"耶穌教"的問題在於認為人需要管理和規範，可是這些規範的基礎是甚麼？為解答這個問題，"耶穌教"指出那基礎就是神，並稱人是由神創造出來的。可是這說法令人有懷疑，因為後來又有科學家發現人類是由猿猴演變而成的（當然，在"耶穌教"創立時還沒有這個發現）。"耶穌教"認定人是由神創造的，所以人是神的僕從，理應服從上帝。

　　此外，"耶穌教"又着重地獄和天堂，其背後意味着生命是有靈魂的，甚至靈魂才是真正的生命，而人死後這個靈魂就視乎生前是否信奉上帝，而被遣往天堂或地獄。他們掌握了人的一個弱點，就是擔心死後的去向，而且相信有靈魂這東西，能夠脫離身體繼續存在下去，是一種"物"。於是，"耶穌教"恩威並施，以引誘和威脅來驅使人們信奉，改變人們的行為。其實佛教也有類似說法——那不一定是釋迦牟尼所說，因為釋迦牟尼說的話不多，很多佛教教義都是後人加上去的——也認為靈魂是一個"物"，會走進輪迴之中，甚至還分前世和來世，同時涉及了靈魂的過去，比"耶穌教"更繁複。例如，假如這個靈魂今世屢屢犯錯，來世便可能變成一隻狗，所以信奉佛教的泰國人特別善待狗隻，因生怕自己來生也可能變成一隻狗。

　　公元七世紀時出現了穆罕默德，他比前人卓越，看到信奉"耶穌教"的西方社會比中東國家領先，故推論宗教或能驅使社會進步。穆罕默德認為阿拉伯世界也需要它的宗教，於是決定採信同一位神，但卻說明自己是最後一位先知，後來者皆屬偽冒，而過去者則屬過時，故永遠要以穆罕默德的一套為依歸。他沒有寫下文字留傳後世，其學說均是由後人轉述並把該宗教具體化，例如祈禱前要洗手、洗臉（故清真寺都設有洗手和洗臉的地方）；以及禁吃豬肉等（後來發現，那其實是出於環境衛生考量，也有其社會因素）。

宗教與現實

宗教在現代社會衍生了一些問題。穆斯林的各種做法都以穆罕默德當時的價值和環境為依歸；"耶穌教"教徒的做法則以羅馬帝國時期的價值和環境為依歸。信徒若把這些價值神化了，就會陷入僵化。隨着環境和時代的轉變，這些價值就跟不上新的轉變，形成了一種錯配。就像伊斯蘭教的性別階級貶抑女性，不准她們上學，那是源自古時男尊女卑的思想，但現在已不合時宜了。**可是只要教義脫離不了不容置喙的神，教徒就不可能有思想自由去認識真理，神有如一個金剛罩，把他們的思想給扣死了。**

宗教戰爭

另一個大問題是釀成宗教戰爭。因為教徒都把宗教與神畫上等號，那就沒有任何商榷餘地了。只有他們信仰的教義是正確的，其餘的都是異端和罪人。儘管西方世界今天有所謂的"宗教自由"，但那不是真正的自由，他們仍然認為只有自己的信仰是正確的，對非教徒加以排擠，並稱其他人所信奉的全是假神。他們就是道路和真理，其他一切都是假的。這與中國人的神有點不同。中國人信雷公的就信雷公，信黃大仙的就信黃大仙，甚至信雷公的也可以同時信黃大仙，大家互不干涉，各不排擠，每位神幾乎都是平等的，可以各顯神通。**但西方所謂的宗教自由只是虛詞，當每個宗教都想把自己塑造成唯一的價值，這樣註定會釀成嚴重的宗教衝突，那社會也不可能和諧。**而最大的衝突還是來自信奉同一位神的"耶穌教"和伊斯蘭教，那或許令人詫異，然而事出必有因，衝突之所以激烈正是因為雙方都同樣排他、不容異己。

此外，宗教典籍最初是由拉丁文寫成，由主教向大眾講道，他們想說甚麼就說甚麼，到底他的道理是否正確，那是不容信眾討論和反駁的，因此主教的影響力很大。孔子以君主為馬首是瞻，在西方世界則是教宗的權力更甚於君主，兩者對思考的壓抑則是異曲同工，使社會難辨是非，結果西方文明不振逾 1,000 年。直至馬丁·路德（Martin Luther）推出了現代版本的《聖經》，被人廣為傳閱後，教徒才開始對主教的說法產生質疑。尤其當經文寫成文字以後，教徒就可以引經據典來提出自己的疑問。這亦反映了宗教把古時先知的說法聖化的不良後果，因為先人已逝，根本無從對質，問題無法討論和解答。對宗教的問題說得差不多了，將來有時間再作補充。宗教的根基還有兩大缺陷需要去處理。當我們認識了生命，又可以進一步提出更多疑問。我要提出的疑問是：到底靈魂是甚麼。

宗教與靈魂存在

最簡單的生命如病毒 (病毒也有想維生的慾望，所以也是一類生命)，它會自行複製繁殖，然而它有沒有靈魂？有些人說沒有。那麼幹細胞呢？以複製技術造出來的複製人呢？他是人，當然有了。可是他最初是從另一個人的幹細胞所演變出來的，那這個靈魂最初是否在幹細胞裏？而幹細胞原屬的主人，在少了這個包含靈魂的幹細胞後，他的靈魂是否就缺少了一部分？這些疑問都能挑戰靈魂是一個 "物件" 的主張。

蘇格拉底主張每個生命都有靈魂，只是靈魂不同；植物有植物的靈魂，動物有動物的靈魂，而人的靈魂又不一樣。你又相信有這些形形式式的靈魂存在嗎？我不同意他的説法。**我想指出，靈魂是一種感覺，而不是一種物件**。試想想，當我們思考時，例如思考 1+1=2，是一事對一事的，不能中途出現更變；同時因大腦的能力有限，總不能無止境地輸入更多數字。若我在思考 A+B+C 時，又再加上 E、F、G 等數字，思考就無法繼續了。我們思考時總要暫時停止輸入新的數據，在停止輸入、全神貫注思考之時，大腦就如同跟外在環境脫離，產生一種自我的感覺，感到自己的存在（類似"我思故我在"）。**所謂的靈魂就是這種意識，若人死了，又或甚至只是睡着了，這種意識就不存在，也就沒有所謂的靈魂**。世上並不存在一種叫"靈魂"的物件，假如靈魂真是一種物件，那它究竟放在何處？假如靈魂是在雙手，那一旦失去雙手，就沒有靈魂了嗎？可見靈魂作為一種物件要有存放之處，那不論把靈魂放在何處皆有問題。相反，當一個人失去雙手，他只是有一種新的認識，認識到這個新的自己是沒有雙手的，這種意識和感覺可謂之靈魂。自我的意識也是這樣形成的。

　　生命跟靈魂不一樣，生命不是純粹的一種意識，每個細胞都存在着生命。幹細胞的屬主在捐出幹細胞後，屬主和幹細胞都仍然擁有各自的生命，只是那生命的角色由細胞內的 DNA 所指揮。

　　以上提出了靈魂是一種意識和感覺的概念，那宗教視靈魂為一種 "物" 的說法就站不住腳了。人死了就沒有感覺，沒有所謂的來世。至於自我的感覺，事實上很多動物都有，一旦沒有了自我，就不可能獵食和照顧自己。例如，老虎感到身上痕癢，就會撥尾巴搔癢，因為牠知道自己不舒服；而當牠要獵食的時候，牠不會吃自己的爪，因為牠知道那隻爪是屬於自己的。甚至連植物也有自我感覺，只是那不牽涉思考。自我並不限於人類，只是人類思考能力最強，自我意識也最強。

　　佛教甚至認為靈魂有記憶，這些記憶可以累積到來世。可是人死了，沒有了大腦，又怎樣去記憶呢？老人癡呆症（又稱腦退化症）的患者，生前已失去所有記憶，那他是否沒有靈魂呢？這背後有很多難以自圓其說的地方。

　　當然，宗教人士未必認同我對靈魂的解說，但我在這裏只為大家提供一個可資參考和反覆思考的進路。

創造的迷思

　　另外，某些宗教的傳教方法是以創造（create）作為說服的基礎，他們不斷問 "人" 是由誰創造出來的，意思就是所有物件都得有一位創造者，正如世上有鐘是因為背後有鐘錶匠一樣，鐘錶匠背後也必然有他的創造者，那稱為"造錶者的問題"（Who makes the watchmaker）。

　　要解答這個問題，應要從創造的定義開始。創造是刻意去改變事和物的結果，不刻意去改變只能算為認識到了事和物，不能算為創造。創造是生物特有之能力，死物不可能有這種能力。如說世上之物一定有創造者，那本身是不對的，宇宙和宇宙之物並沒有創造者，也不可能有創造者。因為得先有生命，才能有創造者的出現。物只不過有本身的定律，物與物之間會互相影響，而生命也是其中一物。

　　再說，神的目的是甚麼？如神的目的與生命的目的沒有分別的話，那說要聽神的話，其實是說要聽生命的話。說背後有超級創造者是沒有根據的，這樣的想法是跌入了思維陷阱。你能想出甚麼東西是非大自然和生命以外能創造出來的嗎？大自然的創造能力在物理學已經說得蠻清楚了。生命有主動力，所以它可以去改變事物。不過，如覺得身邊有個超能者會感到較為安全，起到安心作用也不是壞事，那算是一種維生工具。只要不會因信仰而對生命造成危害，例如演變成宗教戰爭便可以了。

宗教的失敗

宗教真正的目的是教導人們少做點壞事，多做點好事，其中主要針對少做壞事一方面。可是那方法是錯誤的，原因正在於宗教未有認識生命的意義，並對靈魂有錯誤的理解。雖然"耶穌教"有"超己"的想法，但那不是發自內心，那是出於上帝的懲罰和賞賜，引用了外來力量來管制人：你怕地獄就得聽他的，你貪天堂就得跟着他們的信仰走。再者，"耶穌教"亦不管信徒生前的所作所為，只要在臨終前信奉上帝就能獲寬恕。就改變人行為的效果來說，這其實並不理想。

所以，要建立更好的社會，單憑今天的宗教信仰是不能成事的。事實上，宗教傳揚了幾千年，社會變得理想了麼？沒有。相反，歷史上藉着宗教殺人的情況卻如恆河沙數，單是天主教和基督教的衝突就造成死傷枕藉。雖然今天西方世界高舉宗教自由，但在愛爾蘭，宗教戰火卻仍未熄滅。宗教雖有其益處，但對生命的遺害也極為驚人。創教者本想維護生命，最後其教義卻被人利用，造成血流成河的局面，可以想像創教者是如何痛心疾首！宗教作為改良生命的學說的這個想法，實在充滿疑點。造成現今世代這樣的結果，肯定不是穆罕默德或保羅所希望見到的。

追求"超己"

那麼我們應秉持甚麼信念？世上有人追求物質生活，有人追求精神生活，我認為最高的追求應是"超己"。**何謂超己？就是完成生命給我們的使命，這包括了做好自己的維生再去到超越為己的行為。只有達到超己才能安詳自在。**我有個朋友曾是內地高官，現在需要積財以能使生活無憂，但她說日後要再為社會出力。我問為甚麼？她說來到這個世界，好像還沒有完成這一生要做的事。而服務社會正是她的愛好和使命。人的最大精神滿足感，就是完成使命，只有完成了內心才能有祥和之感。佛教說祥和是要追求"四大皆空"，但人總有點慾望，那就做不到四大皆空了。故要追尋平和，倒不如去完成使命。即使富可敵國的超級富豪，也不一定有平安，有時還被指責是為富不仁，被視為社會的公敵。**所以要得到平安，還是要完成使命，這是生命的設計，生命要求你完成使命，才會有平和。**有些人正是因為沒有完成使命，結果臨終仍抱有遺憾。當然能否成事，視乎個人際遇，我們唯有在際遇容許之下盡力而為。因此，與其信仰上帝，我主張以生命為念，理解生命，信任生命（In Life We Trust）。知道了生命的意義，我們才會好好維護它。

當然，宗教信仰者會認為，他們為信仰作出奉獻也是一種使命。不同之處是，他們心中的"神"除了被說成是萬能外，信徒無法對其有清楚認識。當每個人心中的神都不一樣，做出來的結果自然不理想。我認為，他們心中想要的神其實就是生命，只有認識了生命的結果，他們才能有真正的平安。

用一個更客觀的角度去看，人作為一個個體是由甚麼組成的？人是生命加上工具的組合體。在操作層面上，生命與工具是分開的。身體的功能（包括感受）是工具，而這些工具的目的是去服務生命。你所看到的自己其實是工具，是服務自己內在生命的工具。明白這個道理後，你便會了解為甚麼宗教信仰不能維持優良的道德操守行為，那是因為出現了工具"使用"（utilization）不當的問題。**做人真正的目的，應該是了解如何好好使用自己，令自己的行為最好地去服務生命。使用得好，道德操守問題自然迎刃而解**，假如解決不到，最起碼能明白為何需要維持道德操守。在這個前提下，我們才可以考慮如何建立一個好的社會制度。

宗教的社會意義

　　最後補充兩點。宗教與政治亦有關連，有人說中國人沒有信仰，亦過於自私，只顧及自己及親人的利益，因此不宜推行民主。儘管我不贊同西方宗教所建基的神，但他們的信仰的確向人灌輸關顧別人的價值觀，西方信徒的社會責任感也比中國人強。"耶穌教"不是這種價值觀的唯一原因，但西方人之所以有這種價值觀，的確與宗教有一定關係。基於這種關顧別人、關顧社區的價值觀，在西方世界推行民主，會比在"各家自掃門前雪"的中國來得成功。

　　另外，西方宗教以至佛教團體除了宣揚信仰外，也對社會作出不少實際貢獻，例如興建醫院和學校、在戰爭期間收容傷兵和難民、呼籲富人捐獻等，這些對社會整體利益確有幫助。這點是值得肯定的。

第 6 章

經　濟

　　要討論經濟（economy），我們先要問經濟的目的。社會犯的最大錯誤之一，就是從沒有人去問經濟的目的。經濟的目的是增加資源，具體點説，是使用現有的資源去創造更多的資源。例如，我們可提升農作物收成量，也可以通過自動化增加工廠產量，為社會創造更多資源。我們亦可更好地發揮資源的效能（包括看得到和看不到的資源），例如資本、勞力和腦力等。

　　經濟主要關乎的資源，是"可交易的社會資源"。經濟的定義是甚麼？現在的文獻裏沒有清晰的定義，那些定義要不是錯誤的，就是過時了。我認為**經濟的正確定義應該是"與可交易之社會資源有關的所有事物"**（anything associated with tradable social resources）。**而經濟學**（economics）**則定義為"對社會可交易之資源的狀況、事物、操作和管理學"**（The state and affairs of tradable social resources, its operation and management）。現今社會因為對經濟一詞欠缺清晰和正確之定義，使經濟政策出現多方面的錯誤。比如把經濟增長視為最終的追求目標，然而經濟增長過快所產生的污染卻威脅人類的生存。試想想若生命沒有了，經濟增長還有意義嗎？這是對資源正確的操作和管理嗎？

共產與經濟目的

　　經濟的目的很單純，談的只是創造資源，並無政治含義，因此經濟本身與政治應該是分開的。資源的分配是另一回事，那並不屬於經濟的本來目的，而是屬於政治的範疇。馬克思談的是政治，他沒有搞清楚經濟的目的，所以馬克思主義的經濟效益疲弱。當他不談經濟的目的——創造資源而只談分配，那麼每個人都變成了消耗者，不事生產。馬克思沒有把資源留作創造將來資源之用，又把"胡蘿蔔與棒子"（carrot and stick）的制度取消，所以共產主義既沒有機制鼓勵人生產，亦沒有懲罰不願生產的人，推動上進的鼓勵和壓力不再時，每個人都在消耗資源，那國家怎不會越來越窮？難道這就是理想的社會嗎？理想的社會是這樣胸無大志的嗎？馬克思視共產為資本主義弊病的一道解藥，但結果這道藥的副作用比不用藥更壞。

　　對於馬克思來說，資本主義的另一個大問題是資本家剝削工人。但我不同意這個説法。19 世紀工業革命開始後，到工廠上班變成了一門新興行業。資本家購置了廠房和機器，聘請工人時並沒有威迫他們來上班，只有當工資待遇比過往務農為佳，才會有人來工廠打工。就如中國三十多年前開始改革開放，農民為何選擇放下鋤頭去工廠打工？也是因為工廠的待遇較好。歐美國家當年在非洲徵用黑奴，那才算是真正的剝削，因為他們都是被迫的。反之，自願投效就不能說是剝削了。柬埔寨的工人薪資雖然很低，每月只能賺得幾美元，但傳媒訪問他們時，他們卻說這份工作至少比以前能為他們帶來溫飽，所以他們不願走回頭路。至於何謂合理工資要看其他因素，包括是否有足夠競爭力，是否能達到整個社會的理想提升能力。如產品是用來出口的，還要看社會與社會之間的關係和責任等其他的因素。

釐定合理工資的困難

其實，我們難以衡量何謂"不含剝削的合理工資"。例如工業化初期要開採煤礦，那工資應值多少？當初聘用礦工時，根本尚未認識黑肺病，那工資自然難以涵蓋日後可能的醫藥費用，更難以準確計量何謂合理。而幾乎所有行業都會產生職業病，應以何種標準衡量？我們亦不應以某個固定數值作為合理工資水平，例如很多人認為三十多港元時薪過於苛刻，但如果遇上經濟大蕭條，物價大跌，樓價跌至 1,000元一平方尺，那麼三十多元時薪可能反而變得昂貴。故合理工資水平也得視乎經濟情況（處境）而定。

　　經濟提升需要靠個人，但每個人的提升力度不同，有些人提升得快，有些人提升得慢；有些人發揮的腦力多，有些人發揮的腦力少，根本不可能有一套萬全而精準的計算方法，把各種職位的工資都一一釐定。馬克思認為，每個人的工資相同便是平等，不管他付出多少勞力或腦力。但我們為何要以這種平等作為理想？那個理想的目的是甚麼？只有死物才能平等對待，平等對待生物等於不認同它有生命。以生命作為出發點，所有工具的最終目的，都應該為提升生命的維生能力而服務。

　　馬克思的共產主義制度難以鼓勵社會提升，當中只看到每個人與生俱來都要消費，所以要保證他們消費的能力，分配資源就能達到這個目的。但那是不能持續的，只要人口越多就消費越多，但如果沒有相應的提升，人均資源就會變得越來越少。因此，我再三強調：經濟的目的是要創造更多資源。

資本主義中的運氣成分

　　資本主義有提升資源的動力，所以這種制度應予保留。何謂資本主義？那就是使用資本去獲利。對一名資本家來說，他的出發點只有一個，就是發揮資源的潛能（capitalization）。這些資源包括他個人的天賦，他能耗用的資源（如金錢和勞力，以及環境資源）。嚴格來說，資本主義並不完全是經濟學，經濟的範圍該只限於資源的使用和生產，而不包括獲利的目的；目的會影響生產的動力。

但資本主義也有它的問題，它沒有清楚說明環境資源的不穩定因素。在第 2 章已提及，我們遇到的環境是不穩定的，例如運氣的好與壞便是一種極端不穩定的環境因素。中國人用"運氣"這個詞用得不錯，因為環境確是不斷在變動和運轉。有些人會把運氣視為機會（chance）來看待，認為是能計算的，並指每個人的好運氣與壞運氣都是一樣，或社會裏的人總的來說運氣是一樣的。這看法是錯誤的，因為世上可變的因素無窮無盡（∞）。相反以打骰子為例，三顆骰每顆六面，雖然每次的結果不同，但也能計算開出各種總數的概率。

世事可說是由千千萬萬種遊戲和千千萬萬種運氣交叉而成的，變化無窮無盡，也因此運氣如此難以估算，難以由個人控制。最終世上有人遇到好運，有人遭逢厄運，每個人的運氣都不一樣，而它的確對我們有重大的實際影響。這就是資本主義和現代經濟學所忽略的部分。然而，運氣是由多個因素組成，不能視為一個純粹隨機（random）的變數。就運氣的成因，我會在書末的附錄二再作解說。

資本家應注重 "能升整利"

在資本主義社會，你懂得運用資源，加上運氣好，就能賺得較多。概括為一條公式，就是：能力＋資本＋運氣＝錢。這條方程式不限於經濟層面，其實人生也是一樣，只不過人生的回報範圍還要廣泛一些，包括非社會資源的回報。**現時的經濟出了甚麼問題？就是沒有計算方程式裏明明有很大影響的運氣因素。**我的富有朋友都説，所以能夠致富，運氣佔了不小的影響，有人甚至直言 "基本上就是運氣"（當然那是謙遜之詞）。然而，運氣的確有很大影響。既然他們的財富，有一定因素是來自運氣，不能都歸因於他的個人或人為因素，那為何這些財富在他們過世之後，要全數由他們的子女繼承而不是回歸社會？這並不合理，亦造成了資本主義的不平衡。可以説，**資本主義在提升資源方面效果卓越，達到生命 "能升" 的要求，但卻沒有照顧到 "整利" 的部分，因為基本上 "利" 都流進富人和其家族的口袋裏。**這樣，除了資源未能被有效運用外，還妨礙了一個良好社會的組成。

　　成功的資本家和成功的領導人一樣，都屬社會精英，是社會裏的"頭"。但"頭"的目的如果只是為了自己的利益，導致社會資源分配不均，社會便無法發揮最高的生產力，未能讓人類盡展維生的能力，甚至可能出現"身體其他器官（即其他人）來搶奪資源"的困境。於是人們的精力都用在鬥爭上，大家的生存能力都因而減少。

取之社會應回饋社會

　　有錢人累積了很多財富，但總是全數交給下一代，那目的是甚麼？有些理由是說得過去，例如不希望下一代捱餓，又或希望給下一代創業的本錢。創業至少也能為社會創造資源，對經濟有益，但如果遺產只是留給下一代揮霍，讓他們好吃懶做，那就絕非正當理由，更無法運用資源創造更多資源，違背了經濟的基本原則。假如下一代要創業，也沒有必要把全數財產撥歸子女，只需留下適當的資金（如 10 億應已綽綽有餘）便可，剩下的應該交還社會，讓資源得以繼續善用，這樣經濟才能欣欣向榮。否則，資本主義將無法維持，社會財富越來越不平衡，甚至連人民溫飽也成問題，到最後若要通過革命來重拾平衡的話，這個經濟理論就徹底失敗了。

　　然而，在富豪生前向他們抽重稅，卻不是最好的做法。本人不才，你給我 100 元，我也許只能增值 50 元，但某位富豪可能特別能幹，可以把 100 元變成 10,000 元。所以，在他生前我們要鼓勵他創造資源，因為他的提升能力特強，能夠惠及社會。相反，徵收重稅只會令每個人都不盡力生產，削弱社會全員的提升動力，就如同共產主義裏"大鍋飯"的問題。高稅率影響生產力，低稅率反而能鼓勵資本家積極創造資源。這是資本主義社會賦予資本家創造財富的機會，所以不該是無條件的，而條件是超級富豪在離世後要把資源歸還社會，這既能保持提高社會創造資源的動力，又不致於令資源被家族獨佔，社會未能共享。這才是兩全其美的做法。

追逐錯誤目標

　　凱恩斯（John Maynard Keynes）提倡聰明人應生前盡量借錢，去世後就可以立即賴賬，無須償還，這樣可以確保生前享盡榮華。這是對資源使用一個非常錯誤的做法。希臘就是借得太多，務求先行盡情享樂，然而國家和人不一樣，國家不會死亡，那麼這筆債項要交給誰來償還？只能由下一代背負。現在世界各國的上一代幾乎都大量借貸，不只令國庫囊空如洗，還令國家負債纍纍，為資本主義和民主政制埋下了計時炸彈。

現代人除了揮霍下一代的金錢，同時還"揮霍"下一代的環境，為了經濟增長和無盡消費而把環境無情的破壞。中國不能學習或遵循這些外國政府的做法，而應該把資本主義改良，堵塞上述漏洞，施行一套切實可行的經濟方案。大部分學者就只會借用外國的一套，論述根本欠缺基礎，並沒有如本書的提案，以提升生命為根基。**經濟本身僅是工具，並不是社會的全部，所以不能只顧發展自己的經濟，不斷追求增長，而罔顧增長對生命和社會所造成的傷害。**前美國聯儲局主席格林斯潘（Alan Greenspan）的政策便是以經濟不斷增長為最終目的，導致社會出現嚴重的貧富懸殊，最終不能持續。

資源的消費效益

事實上，經濟學除了沒有把運氣這麼重要的因素納入考慮範圍外，還忽略了另一個更重要的基本因素，那就是資源的消費效益。經濟學只考慮到生產時的資源效益，但對生命來說，消費效益更需要重視。**資源並非無限，也因此才有價**

值；而資源是用於消費，因此缺乏效益的消費將浪費這些有限的珍貴資源。

　　每個人對物質的需要是有限的，衣食住行的需求也有個限度，過度需索會產生負面作用，例如吃得過量會生病。另外，生產人類所需的物質時，還會產生有害的污染。現今社會只是單方面考慮產品的需求，由消費引導生產，在闖出嚴重污染問題後，再作反應式的補救方案。長久下去，只會令生命永遠處於污染的環境。人類超越了合理的需求，就是不理性地過度追求物質。美國經濟學家佛利民（Milton Friedman）的“Greed for the sake of greed”（純為貪慾而貪求）的理念是不妥當的，因為他沒考慮到生命的要求，只停留在“感受”的層面，未有進而達到“理”的水平。這錯誤的觀點催生了“Consumption for the sake of consumption”（為消費而消費）的美國文化，也是今天文明飽受環境污染困擾的主要原因，資源也未能被更好地使用。

　　今天環境污染已到達非常嚴重的地步，是否應重視消費效益的問題？如上所述，我們也要探討有沒有需要制定規則，規範富有人士可以留下多少資源給後代，以在同時考慮到後代需要的情況下，最適當地運用資源。就是因為對生命不認識，令社會沒有最好地善用資源，造成現今的環境危機。

壟斷的禍害

　　經濟系統還有其他弊端。市場經濟裏其中一個重要概念是 bargaining power（議價能力），目的是讓資源以合理的價值來分配。但世上並無完美的定價方式，一個理想的市場會盡量讓買賣雙方的議價能力均等，否則會造成壟斷。香港的士牌照便是一個反面教材，這個市場屬於結構性的壟斷，有妨礙競爭的不良後果。巴士和港鐵等公共交通工具也相似，但至少港鐵的收益大部分會撥歸政府，也就是由公眾所享有。微軟生產的軟件也是一種壟斷，它依靠政府給予的專利權，形成一種自然的壟斷。專利權的原意本是鼓勵創作，但當過分保護專利，以至專利權竟然可長達 17 年，便形成另一種結構性的不公平。這樣，資源便會過度集中於少量企業，無法為整體社會發揮作用，"能升"和"整利"未能同時達到。再者，17 年的期限是在現代全球化（globalization）發生以前定下的方案，當專利的壟斷可延伸至全球時，全球企業都無法合理地作出競爭。其實，擁有專利權的企業能從全球獲利，所得的利潤已極豐厚，沒有必要以如此長的年期保護企業的專利。其次，門檻高的行業亦容易出現壟斷情況，**從市場的角度來說，任何妨害競爭的行為都會破壞市場，都**

是資本主義理論應予修正之處。

　　資本家都希望在市場取得壟斷的優勢，日後無須努力亦能圖利，只有他作為贏家，其他人全為輸家。美國的經濟就曾出現這個問題，富商洛克菲勒（John D. Rockefeller）佔據了美國所有大型行業，以致後來美國推出了反壟斷法，自此經濟便飛躍增長。這證明了，當去掉妨礙大多數企業提升的環境後，社會自能產生更好的提升效果。因此，**經濟的發展不能採取完全放任自由的市場模式，政府必須予以管制，以防大資本家妨礙競爭**。否則就會變成如大富翁遊戲一樣，最後棋盤上的所有財產都由勝出者獨佔。而大富翁囊括所有資產後，還要在家族內代代相傳，廣大市民根本分享不到社會提升的丁點成果，甚至漸漸變成窮人，那是資本主義失敗之處。**唯一的解決辦法，必須讓超級富豪認識到在離世後把資源回歸社會之需要**。如果說這會打擊人們的生產動力，那你能否告訴我，有哪位超級富豪的賺錢動力，是主要來自多留點資產給下一代好讓他們維生的呢？超級富豪們的提升動力，理應主要來自愛好，他們想成為社會領先的表表者。

第 7 章

國家、社會與政治

　　甚麼是國家？甚麼是社會？甚麼是政治？政治的目的是甚麼？

　　當我們聽到某個國家的名字又或者想到國家時，首先浮現在腦海的就可能是一張地圖。例如想到中國，腦裏就會浮現中國的地圖。接着還會想起這個地方上的人，例如中國的黃種人。國家在我們的腦裏，就是一個地域的觀念，與我們的日常生活並不貼近，我們很少在生活裏無端想起國家，更遑論説怎樣愛國了。

　　很多人對國家的含義都是一知半解。有一天我遇到一個自稱"知識分子"、經常在報章上宣稱自己"愛國"的人。我就問他何謂愛國，他登時啞口無言。其實，那些"要愛國"的口號能打動多少人呢？可以説，用國家來形容一個社團（社會就是一個大社團）算不上明智，那跟社會大眾有距離。起碼在中國人的價值觀裏，國家並不太重要。如果中國人並不重視國家，那叫人去愛國也是白叫的。對香港人來説，還會反問國家為我做了些甚麼？大眾和年輕人會覺得國家為富人做了不少事，但又有沒有為窮人和中產人士着想，為他們的住屋問題又做過甚麼？這樣的國家可愛嗎？雖然經濟持續高增長，但他們也是無感覺，因為利益大都流到大財主或大財團手中。

　　這樣的"國"豈不表示國就是政府了嗎？那人民該不該愛國就得看政府值不值得愛了。如果一個政府只為少數人的利益着想，用權力去傷害人民（大眾），那人民肯定不會愛國，最多只是少數既得利益者會愛國罷了。至於每一天嚷着"要愛國"的人士，是否就是那些既得利益者，他們自己心知肚明，但大眾也不全是瞎眼的。說到這裏，我想起第一次聽到"愛國"這個詞語是在小學時期。當時老師講到宋朝，歷史上出現了北宋和南宋。在南宋時期中國人被逼放棄北部，國家疆土被外族入侵，出現亡國危機。那時，就有岳飛之母在岳飛背上刺上"精忠報國"四個字，提醒他要愛國。我再次聽到愛國的口號，是民國時期中國被日本人侵佔之時。以上兩者的共通點，是國家發生危險，疆土被外邦人入侵，國家快亡了。**所以每當號召要愛國，都是國家處身危急的狀態，國家將亡的時候。**所以每當我聽到"愛國"這兩個字時，心裏總覺得並非甚麼好事。

政治的目的

　　那政治又是甚麼？政治的目的是甚麼？沒有一位政治家能給我一個理想的答案。尤其是美國人，竟把它說成是權力，或有説成是妥協（give and take）。沒有人問它的目的是甚麼。柏拉圖在《理想國》（*The Republic*）一書裏基本上把政治説成是治理社會，他提出了很多像公正（justice）之類的事，這些都是管理的想法。但他沒有想清楚為甚麼社會要公正、公平，以及兩者應以甚麼為準，以甚麼為目的，以致到了今天仍沒有一個理想的社會管理方案。沒有問目的，又怎能找到一個好方案呢？

假如像某些美國人看政治一樣，滿腦子只想到權力，那每一天不是去想如何搶奪權力才怪呢？所以還是要進一步去問，權力是用來做甚麼的？目的是為自己圖利？為黨圖利？還是為社會圖利？如果權力不是為了社會做事，那不論甚麼體制，都不可能靠權力理想地治理社會。但政治體制不是最大的重點，優秀並不在於政治體制，而在於為社會做事的出色領導人。這個領導人比體制重要，比“法”重要。

“整利”提升社會維生能力

政治的目的可説是把社會治理好，這引伸何謂好的社會的問題。“人民嚮往的美好生活”就是好社會的特徵？為甚麼要嚮往美好的生活？為了能消耗更多的資源？資源消耗了又如何呢？食品都變成毒品，空氣都成了毒氣，這是美好的生活嗎？如果不是，那應以甚麼為標準？恐怕說不下去了。**所謂的美好也罷，理想社會也罷，只能以生命的目的為標準。如生命和維生能力無法提升，一切的美話都是一紙空言。**

在未弄清楚何謂理想社會之前，政治不可能好好執行。所以政制並非大前提，它也不應是最終追求目標。唯一能成為最終追求目標的，就是生命的目的。經過三十億年的"能升整利"原則，生命把人類發展成有頭有腳的個體，社會也一樣。要最好地發揮個體和整體的能力，基本方法就是各司其職，腦做腦的工作，腳做腳的工作。但這並不是說，在社會善於擔當頭腦角色的領導人，其後代也一定會有優秀的頭腦。為甚麼會這樣？我提供一個參考。這是因為 DNA 在演變過程中收集面對不同環境的挑戰時，所作出的更改因素太多，因此無法在一個精子或一個卵子內保存這麼多知識，於是出現不同精子／卵子有不同的基因（genes）和染色體（chromosomes）。基本形成了能力最大的和運氣最好的得以結合和誕生。所以，後人與前人並不完全一樣了，後人可以出現各自有不同所長的後代，以面對環境的改變，提高生存機會。環境改變後，今天的強（體力）弱（腦力）形勢便會出現反轉的（即強腦力，弱體力）新價值。而領導人也不能只考慮自己的利益，更要考慮整體的利益。

國家是抽象的概念，社會則較貼近大眾，所以要想大眾愛國，真正要做的是讓大眾愛社會。一個人想到社會時，就會想到周邊的人，這要比國家的距離近許多。人們每天只要外出就會與社會接觸，如果他們想想如何多做點對社會有利的事，例如對人有禮、保持公共衛生，守時等，社會就能大有改善。中國人欠缺這種愛護社會的心和價值觀，又一直未能改正，這個社會就無法發揮應有的能量，哪裏還有美好生活可供嚮往呢？

以生命作為目的去追求一個理想社會，意思就是通過"整利"，令社會擁有維生能力，具體來說就是讓個體最好地發揮提升能力，並創造新能力，使團體能力發揮到極致。要達到這個目的，不是單憑政治就能做到，靠經濟增長也不行，重要是具備正確的信念，以此作為社會追求的目標，才有實現的可能性。西方文明雖然沒有真正認識到這一點，但西方人心中知道社會價值觀的重要性，故出現了信仰，以主導人心所向。可是"耶穌教"的信念建基於原罪，主張人性本惡。但當堅信內心的基礎是惡時，社會就難改惡性，更不可能把社會提升至理想的階段，故只去壓抑惡是不夠的。何況"耶穌教"等宗教誤信靈魂為物，會有來世，以引誘和威嚇等外來力量試圖改變人的價值觀。正因為是外來力量，所以效果有限。西方雖然有提升的哲學的價值觀，但卻未有思考生命的目的。西方人把惡性定型，並以為自己的信仰和政制皆屬完美，致令思維的邊界無法再擴展。只要一天不能擴展，一天就沒有前途。

人性不是本惡也不是本善。生命在演變過程中，演化出不同的工具去克服環境障礙，在維生能力較弱時，有需要具備較惡的性格；但當維生能力變得較強時，惡性反而成了傷害維生能力的一種力量。但至今人類沒有清楚認識這一點，也沒有認識到要改變基本的價值觀。惡不是必然，也不是不能改變的本性。現今以性惡為本，然後又不時加一些善性的社會基礎，變成了不三不四的大混亂，使人們內心感到矛盾，不知何謂對，只看到很多錯誤。這令他們越來越憤世嫉俗，並出現以武力傷害無辜的恐怖行為。

生命的質與量提升

目的錯誤，會出現錯的結果。但沒有目的，則會出現混亂。只有目的正確，好的結果才會出現。**生命因有維生這個目的，故出現提升的需要（want）**。這種"需要"是主動的，與"需求"（need）不一樣，求是被迫、被動的，欠缺主動力。有提升的需要，才會出現對質的需要，質表示有提升的意思，才會出現對美好生活和幸福的需要。質和量是不同的，求質和求量出於不同的目的，於是在實際生活裏，就會出現質與量兩種目的的衝突。那該如何處理？當然不能完全不講求量，因為沒有量也就沒有生命了。但當量會危害生命時，那量重要還是質重要呢？質和量要有平衡，標準為一種維生能力。質高時量可以少，質低時量需要多，目的是維生能力。如生命是永恆的，那一個就夠了。可悲的是，今天不少學者還認為衡量一個生命品種的成功，取決於它在地球上的 DNA 數量，這是建基於達爾文"生命是在被動的生存"之理論。但衡量人類的成就不能單看數量。動物和植物提升維生的能力有限，它們最大的能耐就是生養更多，因為它們的腦力不高。人類不一樣，人類的腦力要強大多了。人腦提升維生能力的本領，是其他物種所不能比擬的，所以人類根本無須與其他物種比拼數量。人類的對手就只有人類自己，並應以質作為追求目標，希望生活環境能去惡揚善。生活環境變得美善，才能更好地去創造維生能力。

　　要求質，社會秩序就需要有層次，這是說社會的秩序體制需要改良。要提醒大家的是，我從來沒說過不要體制，只是要記住體制是工具，不能當目的去追求使用，事情要配合目的去操作。**同時要限制人口**；人類的成功因素，已由早期的量演化為今天的質。質是提升的體現，但怎樣衡量質呢？質是以"感受"為基礎的？但是否越多好感受，生命就越成功？未必。如果為了得到更多好感受，人們不斷追求物質，可是在生產和消費這些物質的過程中，卻會產生很多有害的後果，那就反過來危害人的生存能力了。到底感受重要還是生存重要？我想不必多說，當然是生存重要了。這說明甚麼呢？這說明了原始／最終目的與工具目的之分別。原始／最終目的就是要能維生，中間的七情六慾之感，甚至自己的身軀都是工具目的。當工具目的與原始目的起衝突時，工具目的得讓路給原始目的。七情六慾不是理所當然的，那是可以用"理"去改的。人類幸福、美好的基礎建立於能生存及如何最好地去維生等問題之上。

　　總的來說，生命的本質只有兩個：想維持生命和提升維生能力。由於社會是由多個個體組成，只依賴一個好的"頭"（領導人）去做好事還是不行，更需要每個個體都有同樣的終極理想，才能推動社會提升。至今很多人認為擁有像宗教這樣的信仰就可以了，但宗教的內涵出了問題，我認為只有符合生命的內涵，才能奉為信仰。儘管每個人在不同的人生階段有不同的追求，但追求會變，那些只算是旁枝末節，而非終極理想。美國心理學家亞伯拉罕·馬斯洛（Abraham Maslow）在 1940 年代按當時的價值觀，提出了五層的人生追求（Maslow's Hierarchy of Needs），但我認為還不止五層，應該是六層，第六層是"超己"。雖然"耶穌教"和佛教都想到這一點，但因為它們對靈魂有所誤解，對慾望的本質亦未能準確認識，因而提出了錯誤的解答方案，於是一方面引用了外來力量，同時又選擇壓抑慾望，在提升社會的維生能力方面未達理想。

社會秩序的層次

既然人類的追求有層次，那社會秩序也應該有相應的層次。這引發了公平和公正的討論，到底公平和公正該以甚麼為基礎？柏拉圖談公正時沒有考慮這一點，他推薦的後進也沒有多想，只跟着他犯錯，印證了古時學界多以權威為基礎，學習時鮮有質疑前人所言的弊病。現代法律以人人平等為基礎，大家以為是公平、公正，但事實上是能力高、資源多的人相對窮人有利，實為不平等。在討論之前，我們要先**問制定法律的目的：那是對所有的違法行為，都必須有同樣**

的阻嚇作用。如是者，現在有很多法律都大為不妥，例如罰款對有錢人來說基本上是不痛不癢，只對窮人有懲罰作用。比如我有一個朋友在上海某餐館吃飯，他要求鄰桌的人管束他們那個喧鬧的小孩，卻被對方以武力對待，傷人的那個馬上說：“打人罰五萬元，我罰得起！”法律對這些人有用嗎？法律彰顯了公平、公正嗎？這又使我想起了史上最高昂的超速罰款，是 20 萬瑞士法郎，以當時的匯率折算，約為港幣 200 萬元！為何罰得這麼重？因為有一個藥廠的富二代經常超速，法官要求他先交代有多少身家才判案，這說明這位法官對何謂公平以及法律的目的，比一般人的認識更深。所以，如想法律有效，懲罰不能沒有層次，就只以簡單的人人平等為依歸，這樣何來公平、公正？能力強的人或富有的人，就能肆意去傷害別人嗎？

　　所以，**公正也須配合生命的目的來操作，以維護社會維生能力為依歸，並因應管束對象能力的高低，採取不同的刑罰措施**。對有能者，要多限制他們的殺傷力，那才能真正做到公正。在社會秩序不講層次之前，還不能依法治國，不公平的基礎又怎能賴以治國呢！再說法律也只是外來力量，治好一個社會主要依靠人的內心和內在力量，而只有“理”才能改變心向。法律要保護弱小，實際操作就是限制能力強的壞人的自由度，以防止他們做壞事。一旦有法律，就會有自由被限制，除非能做到發自內心的自律，靠內心限制自由。宗教以來世作招徠，教徒信奉時還是以私利為主，求神只是為己，要想"超己"就得認識到，一個人來這個世界不是為了自己，而是為了生命而來。個人的生命完了，使命也完了，那遺產就該以最有利大眾生命的方法來處理。

如何實現理想社會

知道何謂理想社會後，我們來看如何才能最好地實現一個理想社會。**循着生命的角度出發，理想社會就是最大程度地達到"能升整利"的社會**。了解生命的目的後，就要按照自己的處境，看如何最好地落實這目的，選擇合宜的體制，而不是自立門戶，以體制為目標，選擇一套永不改變的體制。現在的社會和政制為何無法實現上述的理想社會呢？因為今天談及社會政制，大家認為主要只有君主作主的獨裁專制和人民作主的民主政制之分。歷史上，可說是先有君主獨裁專制，其後才有民主政制的觀念。民主政制可說是為了回應獨裁專制的弊端而構想的一項產物。但這個提倡，還是建基於人和社會都是欠缺目的之上，出現了英國哲學家邊沁

（Jeremy Bentham）"對錯只以大多數人認同為準"的主張，使大家失去了判斷是非的標準，出現了以妥協為基礎的政制體制。美國今天的政制發展，可說主要是源於邊沁的理論。

前文已提過，不分對錯的社會不可能有提升和進步。生命在演變過程中已證實，個體需要腦袋來領導。也可以説有需要集權，才能有效地發揮整體的力量。沒有主動力和足夠知識的人，不可能履行領導人的責任，人民在統治上不可能實現領導人的職能，他們即使想進行管治，但也是有心無力。而且，他們也不懂得從整體社會效益的高度去設想。所以優秀的領導人，還是要由能明辨是非的個別人士 / 團體來物色。**之所以出現獨裁的問題，是因為對目的的錯誤追求。君主或領導人把目的視為鞏固個人、其家族或所屬政黨的利益，而沒有以服務生命、服務整體社會為一己使命。**只要由抱持正確使命的人而非只重私利的人擔當領導崗位，問題就會迎刃而解。世上有沒有這樣的人？當然有，在華人的社會中，鄧小平和李光耀就擁有這樣的素質。當世人知道何謂生命目的，這類賢人出現的機會也會增加，那文明就有希望了。

民主政制是壞方案？

　　從制度的角度來說，民主政制的問題比獨裁專政要惡劣得多。民主制度不可能變得理想，因為創立民主的人與馬克思一樣犯了思考錯誤。在沒有認識清楚目的之前，就僅僅針對獨裁的問題去找答案，所得的理論就欠缺根基了。那只是一個反應式的壞方案，與馬克思提出共產主義的思路一樣。能回應獨裁問題的方案就是好方案嗎？有沒有想過要得到怎樣的結果？何謂好結果？這個方案能得出好結果嗎？民主政制不過是總結了每一個人的私利的制度，就連前英國首相邱吉爾（Winston Churchill）都認為這是一個壞制度。用一個壞制度去管治社會，會有好結果嗎？為甚麼要把它吹捧為一個理想的政制？一旦把民主政制視為理想，人們就不會再找它的缺陷，並作出改進了。

　　那到底民主是甚麼？民主想達成甚麼？民主與治好社會出於同一目的嗎？當我問別人民主是甚麼時，得到的答案有：

　　一、人民是主人，表示人民有統治權、人民主導政府的意思。

　　二、自由、民主等同自由度高。

三、三權分立，把執政權力縮小，分成三個等分，等同沒有一個完整的"頭"。

四、政府要問責（check and balance），同時代表透明度高。

五、有平穩的接班方案。

我們要看看，以生命和提升維生能力為標準，以上這些答案哪一項有益，哪一項有害？以下我會集中探討民主的問題。

領導者的創新特質

社會需要有人領導，領導包含了創新元素。前文說過，創新是個人的行為，所以大眾不可能成為領導人，需要由個人擔任。人民亦不可能作為社會的主人，因為主人就得有領導的能力和知識，大眾沒有這樣的知識，也沒有能力達到決策的共識。民主政制的基本目的不是創造一套理想的政制，而只是為了防止獨裁的害處，它忘記了政制的主旨，是如何使社會能發揮最高和最有效的維生能力，具體方案包括：完善組織、理想社會秩序、帶領社會克服挑戰、有管理方案內容等。達不到主旨就不能算是好方案，只有好方案才能推動社會進步。很多人舉例説明民主政制怎樣成功，然而有些制度需要上百年才能發現當中的缺陷，暫時的成功可能只是壞影響尚未浮現而已。

投票不一定代表民主

　　民主政制的定義，是人民做主人，人民有統治權，人民去主導社會，而不是投票。人民能投票並不代表已實行民主政制。民主思想指出投票是代表大眾或多數人的意向，但實施時並不能體現這一點。只有同意的票數達人口的 50% 以上才能算作代表多數，當中不能把不投票的一羣也視為認同投票結果。未獲一半人民的認可也説成代表大多數，只是欺騙人民。大概民主政制最有價值之處就是心理效果，就如同安慰劑（placebo）的寬心作用，令人民以為自己是主人。"主"字在這裏有兩個意思：一是能做主、主事；二是主人。前文已説過人民無法主事，至於主人，當有主人就意味着有奴僕，就出現階級分野，那自然會被譏為沒有平等！事實上，如不想有人成為奴僕，最好就捨棄主人之説，一視同仁，沒有民主，每個人都是來為生命服務。

三權分立造成腐敗

以三權分立去限制執政者的施政權力，當然對防止執政者做壞事有一定作用，但同時亦限制了其執政能力。其他兩權甚至可能會為了私利，而出現腐敗情況，演變成三權腐敗的山寨主義慘象。結果政府無法為社會服務，對人民來說更為不好。多權腐敗的可能性，並不亞於獨裁腐敗，關鍵是主事者的取向是為社會服務，還是為一己私利。即使引入死板的體制，也無法改變人類的壞心腸，所謂"上有政策，下有對策"就是這個意思。這正是中國司法改革面臨的最大問題，權力雖下放到地方和法院，但背後並無統一管理，遂有無法無天的地方官搶奪私產，危害人民的事件發生。在社會價值觀沒有改變之前，不能過早放權。所以體制要配合文化一步一步去改。

三權分立還有更基本的問題。生命為了能提升，出現了個體。由簡單個體演變成複雜多部件的個體。要這些部件能配合起來發揮好功能，得要有好的指揮。而這指揮便是"頭"。所以動物也只有一個頭，如出現多於一個頭、身體的部件就不知該聽哪個頭指揮了，這個身體便無法操作。這使我想起前陣子在報章上一條兩頭眼鏡蛇的報道。有個人把一條小眼鏡蛇送到廣西南寧的動物園求助，因為他認為自己無法維持這條蛇的生命了。這條蛇的兩個頭有時會互相打鬥，有時又會因為身體不知該回應哪一個頭的訊號，而出現不進食的情況。這條蛇的狀況在告訴我們甚麼呢？它是在說如想要一個個體能操作良好，訊息來往要清晰，而且頭只能有一個。如有三權也不能分立，只能容許一權為頭，而另外兩權為協助一權的協政單位，三個單位得有同一個目的，而不是各自為政，為自己的目的和利益着想，運用妥協的方法討取自己的利益。議會內的議員也是，如只是以個別的地區或部分人士的利益為出發點，這個整體便無法好好操作，無法有效達成目的。在沒有認識清楚政治目的和社會價值觀之前，以權力的方法處理社會管治不可能有好結果。你的功能是由生命創造的，你不聽它的只會帶來失敗。

多黨競爭未必帶來提升

民主的一個主要基礎是有競爭。多黨制會帶來競爭，有競爭才有提升的動力。然而第 2 章已解釋，生命要提升才會導致競爭出現，而不是反過來因為有競爭才出現提升，那是倒果為因。雖然對很多人來說，有競爭才被迫要提升，但這

並不是必然的。說一定要有多黨制才有可能令社會提升，那
觀點並不成立。像東南亞一些腐敗成了文化的民主政制，多
黨制並沒能體現少腐敗，只出現"輪班腐敗分莊制"罷了。
我不否定在現今的價值觀下，競爭會給政黨帶來一定的提升
壓力，但那不是絕對的。對於領導人來說，主動的力量，比
被動來得強。

政權以正當性為先

　　就政權合法性（legitimacy）的問題，大家該以正當與否
而非合法與否來看待。在歷史上每遇上改朝換代，那名萬
民期盼的領導人到頭來往往是由最有能力和最有熱誠的人擔
當，我們不會說因為他不合現行法律就不能當領導人。武力
革命合法嗎？即使不合法也都做了。如果說要有民主政制才
有合法性，不過是自說自話，也與歷史事實不符。對社會來
說，要討論的問題只有"誰該或不該去領導，誰領導才是正
當或不當"。不當的領導人就是那些只為個人私利，卻未能
以整體社會利益為出發點的人。而施政結果不符生命（人民）
所要求的人，也是不當的領導人。**要成為正當的領導人，基
本上要滿足兩個要求：一、以服務生命為使命，不圖私利（包**

括小團體），心繫社會整體利益；二、有能力交出政績。合法與否（legitimacy）取決於這些目的和結果。即使由人民選出來但達不到這兩個要求的人，就是不正當和不合法。在眾多領導人當中，鄧小平和李光耀基本上達到這兩項要求，大多數中國人和新加坡人都認同他們是正當和優秀的領導，但留意那與民主政制無關宏旨。

民主接班問題

說到這裏，民主政制的支持者會説以上兩位只是個別的出色領導人，能否有接班人卻成疑問。可是發問的人先要思考，民主政制的接班人是否都達到領導人的要求？民主政制就不會產生只圖私利和無能的領導人嗎？顯然也有機會。民主政制的接班程序確實較為平穩，但因其結構之問題，使良好提升社會的目的未能充分達到。與此同時，這亦不意味着非民主政制的接班程序就不能改良，以達到平穩過渡。接班並非政治的主題，重點是要找到優秀的領導人。有了正確的理念和使命後，找到正確領導的機會也會相對提高。

民主是中國的毒藥？

民主政制能保障人民一定的自由，但先要認識何謂自由。自由的目的又是甚麼？為何又要有法律去限制人的自由？一個社會該如何發揮自由的好處？假如高度自由會給社會帶來壞後果，那就不是好事了，那樣的社會成員不配擁有高度的自由。自由可說是一種中間體（medium），它是達成慾望的工具，因為對沒有慾望的人，自由根本沒有用處。

由於思考自由取決於自己，而且無人能限制別人腦海裏怎樣思考，故一般說到限制自由，都是與行為有關。那就要討論：擁有這些自由的目的是甚麼？你希望做些甚麼？社會賦予自由給你，又希望你做些甚麼？**社會給你自由度，是希望你加以發揮，提升維生的能力，這是你對社會所能作出的正面貢獻。**要做到這一點，你必須心繫社稷。如你的價值觀裏沒有考慮到社會，心思只及親友的利益，那你的行為就不會令社會受惠，即使社會給你高度自由，你也只會把利益歸給家族，令社會利益受到傷害。

以中國為例，中國人不注意公共衛生，在公共場合不守秩序，也不愛國（不愛社會），可以說按今天中國流行的價值觀，國民還不配享有高度自由，有自由只會令自私自利的錯誤觀念更為盛行。**價值觀往往衍生行為，在各種惡劣行為未被改變之前，中國根本沒有條件承受高度自由的政治體制所帶來的社會衝擊。**因此，中國現今不可能實現民主政制。社會人士嚮往高度自由，但那是未能達到自律的文明所不配擁有的。中國人在未改變價值觀前得到高度自由，只會傷害社會，為私利大打出手，導致雞犬不寧的日子重現。嚮往高度自由的中國人，該先想想應如何改變中國人的社會觀念，不要聽到有人呼籲民主，就不假思索地一呼百應。雖然暫時未能徹底證明民主是個壞政制，但對於今天的中國來說，民主還是個有毒的政制。

政黨分家

在具體分析中國的環境時，還要研究"政府和政黨能否分開"這個重大問題。**民主政制的先決條件，是政府與政黨能夠分家，但要管治好像中國這樣一個缺乏社會價值觀、人口眾多、地方廣闊、民族價值觀多樣化、貧富懸殊的社會，分家可說暫不可能。**孫中山推行民主政制失敗，就證明了這一點。對於問為甚麼中國不能實行民主政制的人，這就是答案。多黨制根本無法培訓有能力領導和管治這種社會的人才。那個領導人的歷練應包括去到不同地區承擔不同職務，這樣才能學習和認識到如何管理每個地區的人和事。沒有這些歷練的空降人士，根本無法令公務員聽命於他。所以中國的政黨與政府現在還不能分開，也沒條件實行多黨制。

那中國應怎樣改良政制？**中國不需要政黨，只需要一個政府團體，這個團體的領導人要緊守生命的目的，以完善社會的維生能力。當要進行接班，就按當時面對的處境，由這個團體推舉五位最適合的接班人，再交由人民投票，選出他們最認同的一位。這不是民主制，而是"民任制"。** 在這個政制中，領導人不能無限期連任，當有了確切的目標，社會就不會只得一位可以擔當優秀領導人的人士。另外，民任制也是一個可以鼓勵人民關注社會和政治，但又無須他們決定一些他們無法認識的事的方法。這就是社會學家貝淡寧（Daniel A. Bell）的寄望：中國能完善發展出一個以精英領導（meritocracy）的政制。人民參政並非就是民主政制。幾千年前，還沒有民主政制概念時，已經有人民參政，那是民主政制嗎？那只是一種參與，問題只是參與得多還是參與得少。

北歐的獨特文化

　　有人會列舉一些既奉行民主政制、生活水平又高的社會（比如北歐國家），以證實北歐的優越是源於實行民主政制。我覺得這是錯誤的看法。有人辯稱那是基於北歐人信奉的宗教，這也是錯的，因為西方文明基本上信奉同一位神，而源自於拉丁文化的西班牙人把勢力擴展至中南美洲和菲律賓後，即使在當地廣行傳教，也沒有把當地人變為好人，那些地方的社會價值觀仍然欠佳，人的惡性依然。我不是要說宗教對社會毫無正面作用，只是作用不如想像般大。中南美洲很多同樣實行民主政制的國家，社會卻不見得理想。所以社會的好壞，與宗教和政制沒有直接關係。那與甚麼有關？或許可以參考英國人擁有的以下九種價值觀以找出端倪：

1. 勇氣和無私（Courage and Selflessness）
2. 真理（Truth）
3. 榮譽（Honour）
4. 忠誠（Fidelity）
5. 紀律和責任（Discipline and Duty）
6. 好客（Hospitality）

7. 勤勞（Industriousness）

8. 自食其力（Self-reliance）

9. 堅毅（Perseverance）

（來源：http://www.englandandenglishhistory.com/the-9-english-values）

　　我並不認同以上每一種價值觀都與社會的好壞有關，因為這九點背後並非每一點都有它們的獨有依據，但據我觀察，**英國人較具社會責任感，追求明辨是非對錯，並嚮往提升。這些價值觀是怎樣來的？我想那是受盎格魯—撒克遜（Anglo-Saxon）及北歐文化的影響。** 1066 年挪威的威廉一世（William the Conqueror）入主英國，後來登基成為英國皇帝，英國因此也吸收了北歐人的價值觀。這些價值觀令北歐具備較好的社會因素，絕不應歸功於民主政制。德國與北歐在地理上接近，而英德之間的皇室交流也使英國統治者受到德國日耳曼文化的影響。英國的殖民地要比其他地方管治得好，是因為他們對管理社會的價值觀有獨特之處。對於何謂一個理想社會，英國人的看法與西班牙和中國的不一樣。對該如何做好政治上的領導，自然也有不同取向。

制度不變人心變

　　曾有位英國法官跟我説，英國人花了百多年才比較妥善地實行民主政制，主要是因為認識到不能大多數人説了算，而必須考慮少數人的利益的事實。他其實是在否定民主政制的重要性。體制在這些年來沒多大改變，而是人的想法改變了，百多年以後，人們認識到要考慮社會整體的利益，可惜還沒有認識到民主政制的壞處。

　　另外，這位法官又認為英國人最顯著的價值觀是公正（fairness）。但何謂公正？公正是以甚麼為基礎？公正的基礎是以各方面人士的處境為出發點而得出的結論。這也正是釋迦牟尼要以他人的立場去考慮問題的原因。要達到公正，背後還得有正義感、對對錯之認識、勇於挑戰錯誤的勇氣、追求知識等那些前面提到的價值觀。

資產創造者與政府的對立

　　現在的社會在資源分配方面基本由政府主導，但創造資源的責任則落在從商的人手上，當然這是較簡單的看法。這個看法是源於大部分資源都集中在少數商人手裏，無法回歸社會被有效利用，社會因而出現很多問題。其中一個主要原因，是超級富豪把大多數遺產留給自己的子孫或家族成員。如果資產創造者不會自行把資源回歸社會，那責任便落在政府身上，但那卻會造成政府與資產創造者及擁有者的對立關係。**然而，能創造更多資源的人，多是社會的精英，而一個良好的社會正正需要精英作為"頭"（腦袋）去帶領社會發展；何況他們還擁有資源，所以在政制方面考慮，政府仍有必要把資源創造者及操控者納入管治社會的操作範圍內，讓他們有社會責任感，那樣社會管治的效果會比較顯著。**與此同時，在管治之中，這些手握資源的人亦要承諾把資源回歸社會，而非以權謀私。不同的財富階層，在社會裏肩負不同的責任，而超級富豪當然也應為建立理想社會出一分力，而不是與社會大多數成員對立。

"獨裁仁者"

今天中國人一說到獨裁的壞處，他們基本上就會聯想到一個例子：六十年代發動的文化大革命。當中受害人數極多，政府官員以權謀私，搶奪人民的私產。有人說，為免中國出現第二次文革，必須實行民主政制。文革的確影響了很多生命，而像社會出現獨裁領袖，錯在思想有偏差以及對生命缺乏認識。**但文明的進展需要擁有仁心的獨裁者（我稱之為"獨裁仁者"）來推動，他們能改良社會的結構，對文明帶來貢獻。**我們並不能僅僅見到一些獨裁領袖的惡行，就否定"獨裁"這個素質對文明進展的貢獻和重要性。試想想，如沒有德川家族 265 年的專政，日本或許沒有今天良好的社會秩序。有日本人告訴我，德川時代是日本在社會"整利"方面做得最好的時期。

台灣式民主難應用於中國

說到中國實行民主政制，有人會提起台灣的案例。只是有幾點必須認清：首先，台灣今天的社會狀況並不算理想；第二，台灣曾有 50 年受日本文化影響，社會感遠遠比中國大陸強，推行民主的弊處較少；第三，台灣面對的處境和複雜性與大陸很不相同；因為面對大陸之威脅，台灣人愛自己地區的心要比大陸強，連軍人也不敢有妄亂之想法。第四，民主的壞處仍需要時間去體現。故台灣的民主例子，並不能應用於同屬中華民族的中國大陸。

總的來說，管理社會主要牽涉三大關鍵詞：目的、提升和使用。這三項都與生命有關。**在社會學範疇裏，要管理好社會必須要做三件事：第一件事是研究"生命學"**，認識生命及其操作和功能；**第二件事是做好"目的管理學"**，以處境為基礎創造出一個有層次的社會體制，使人民的行為可以做到有層次的去變更，去體現少惡多善的社會。同時一旦出現目的之間的衝突時，能懂得分辨輕重和如何應對；**第三件事是把現時忽視的資源運用因素加進管治方案中**，包括對自身的運用。人是由生命和身體形成的個體，身體是為了服務生命的工具。以生命的目的為出發點，把身體好好運用，那社會問題最終應可以一一得到妥當的處理。這包括道德、操守、健康、學習和培訓等，再加上社會的秩序和體制等等，所有與自己有關之事。這三件事做好了，相信能回應今日人類面對的社會問題，而整體社會將能邁向新一頁。

第 8 章

中國如何成為領先文明

　　自 1840 年英國向中國發動侵略戰爭，中國人才第一次認識到自身文明遜於世界列強之真相。中國人至今都在試圖尋求解釋，並對症下藥。到底哪裏出了問題？中外學者至今仍未有答案。

　　基於中國學者所接受的教育，他們多是通過對比來尋求對錯，以致局限了思考範圍，加上對思考方法缺乏認識，他們只會在現有的知識裏尋找答案。可是人類的知識仍不齊全，這些學者只是在各種錯誤觀念裏尋尋覓覓，到頭來得到的答案還是錯的，無法接近真相。學者太過學術了，欠缺創造者和企業家敢想敢為的自由精神。另一方面，真正認識中國文明的外國學者可說寥寥無幾，他們只能觀察到表面和片面的東西。為甚麼會這樣呢？因為他們沒有認識生命的目的，沒有切中問題的核心，無法為真正的問題下定義。此外，他們亦沒有認識到事與事之間的關係，沒有掌握當中的"理"，就無法深入探討，並錯誤地把體制和工具當為人類追求的目的，因此就未能提出解決方案。儘管西方認識到提升的重要性，但目前的學者還沒有從正確的角度去思考生命。

　　中國現在面對的問題，基本上有兩個：一、未能好好發揮腦力；二、未能發揮社會正面的力量。對生命來說，未能發揮腦力會妨礙維生能力的提升和發展，無法推動創新的能力。另一方面，社會裏沒有顧及整體的價值觀，社會真正的能量就無從發揮了。

社會改良方案

知道了這些問題後，就需要構思改良的方案，目的是要實現一個理想的社會。一個理想社會應具備生命提升能力，並能最好地發揮社會的正能量。在具體層面，就是社會要以"能升整利"為目標，而要達到這個目標，人們心目中要有"超己"的想法，明白生命的真正目的，不是以個人好感或私利作為最終追求。**人來到世上，需要為生命服務，必須認識到只有做好"為生命服務"這個任務，人們才能真正享有美好的精神和物質生活，才能得到眾所嚮往的幸福感和祥和感。**

理解目的以後，接下來要做兩件事：第一是**教導年輕人學會如何發揮腦力**。要善用腦力，就要先明白思考的操作方法，這在第 1 章已說明了。要年輕人學會思考，需要通過教育，教育的目的是要盡量培養愛好思考、愛好用腦的人。只有這類人才能創作和創新，為社會創造新的能力。要在社會裏灌輸這種價值觀，社會就要表揚腦力而不是勞力。

第二件要做的事，是**教導年輕人如何管理他們的能力**

（即他們能使用之一切能力，包括他們自己）。能力是被動的
工具，如何妥善運用以協助維生，需要通過教導。教導的主
題是認識生命和生命的演變過程，而這才是人生存的本性。
許多人誤以為七情六慾（威脅）是本性，但它們只不過是在
某種特定環境下演變出來的工具，在新的環境裏可以起變
化，因此不能稱為本性。認識了生命的目的，就知道應秉持
甚麼信念，有了信念後就可以以這個信念為基礎，教導年輕
人道德操守背後之原因。只有他們明白了原因，才能真心去
實踐正確的行為。

　　從今天起教導新一代如何思考，到他們長大成人發揮腦
力，可能需要十多二十年。幾十年後，當社會普遍價值觀都
對腦力正確定位後，中國誕生大師級思想家就指日可待了。
再輔以未來的資訊科技，學習成本也會下降，以至知識不再
局限於名校或有資源的人身上，每個人都可以把握機會培養
腦力。只要中國的下一代明白了腦力的價值，學會用腦，前
途便會無可限量。

以信念代信仰

　　認識了生命的目的和演變過程後，便可以此為信念。有

了信念就可有目標，逐漸就不再需要信仰了。在傷害到其他
生命時，或在對個人慾望感到迷惘時，人們就會多留心有關
信念之事，而正確的信念可以使人們較為理性地面對錯誤，
令人性變得較為善良，減少惡念，那是和平的基礎。現今的
信仰過度依賴神，而對神的定義卻缺乏實質內容，出現了為
信仰而傷害生命的不理智行為，完全違背了宗教的初衷。

　　中國的未來斷不能同樣不理智地跟隨西方，毫無限制
地順從宗教。政府有必要教導年輕人宗教的目的和道德操守
的目的。而在信仰上也要尋求平等，沒有高一等的神或唯一
的神，這才有可能減少宗教的惡行。有了這個前提，才能談
宗教自由。中國也不能輕視盲目追隨信仰給社會帶來的長久
傷害。不能認為只有自己是對，也不能強迫別人一定要去信
奉，因為抱有這種觀點很難避免不會出現極端（radical）之行
為。法國哲學家伏爾泰（Voltaire）曾說過："The perfect is the
enemy of the good"，即完美是善事的敵人，但為甚麼會出現
這樣的問題呢？那是因為目的出錯了。目的不對，也會變成
好心做壞事。極端者不一定是壞人，但他們大多是無知者。
所以，信仰只能在認識生命的大前提下操作，它不是目的，
而是工具。同時，政府也要教育人民，能改良內心的不是神，
而是自己，要以"理"的概念去認識真理。培養正確的信念，

不能只由民間推動，所以政府在對正確信念有足夠的認識
下，有責任告訴大眾何謂是非黑白。

改造價值觀

要改變文化方向需時較長，因為當中要先改變舊有的觀
點和習慣，人們才可領悟新的價值。**歷史證實，要改變這樣
一個源遠流長的大型文明的價值觀，必須由上文提及的"獨
裁仁者"來領導才能做到，不可能只靠大眾自律來實現**。政
府必須先向大眾說之以"理"，期望他們認同。日本的德川
家族和德意志的奧托一世（Otto I）也在開創王朝二百多年
後，才終於培育了愛護社會的價值觀。在認識"理"的基礎
下，我估計中國大概用 50 年就可以建立好價值觀根基，至
70 到 100 年當有所成。

文明改良的效果是循序漸進的，隨着文明得以改良，跟
着便可調整體制的一些配套，惟其間需要有耐心。所以，在
成功提升文明之前，只能依賴有使命感的領導人帶領中國建
立基礎，完成提升價值觀的任務。哪個文明能最有效地把社
會達到"能升整利"的水平，自我完善為一個優秀的社會個
體，哪個文明就能成為世上的領先文明。中國如未能及時抓

緊這個歷史機遇，接下來就很可能走上第四次內戰和亡國之途。中國前三次亡國是因為沒有認識到腦力的重要性，導致未能發揮腦力；而社會個體的工程未能完善，也是導致亡國的主要因素之一。這兩個流弊如未能及時改良，就等同除不去亡國的內因。

尊重別人的權利

要引導民心歸向，推廣新的正確信念，其實還有很多具體課題需要討論。邊沁提出的人權論被用作社會契約的基礎是錯誤的。邊沁是一個律師，在他的理念中，要說一個人有甚麼權來對待另一個人，就先得有合約。在社會裏，一個人一生中會遇到很多人，如何能與那麼多人先達成協議，簽訂合約？合約內又該有甚麼內容？如沒有清楚的內容又如何思考，如何實行呢？那不就會形成今天中國人我行我素、輕視法律、欠缺道德操守的行為了嗎？於是社會上你對我無禮，我也同樣回敬之。結果人們只想到自己的權利，不去考慮別人的權利。這種理念只會提倡自私，社會因而無法發揮團體的正面能力（惡對惡的社會不就是這樣來的嗎？），亦無法做到和諧，更難達到世界和平。

　　要改善與別人的相處，就要學習孔丘之道，多為別人着想，而這也是佛教的釋迦牟尼和“耶穌教”的保羅所提倡的做法。**談保障人權不能不談對人的尊重，具體就是要領導人約束自我和屬下的官員，了解己所不欲，勿施於人的道理，多為他人着想和尊重他人。**理解並實踐了尊重他人的價值觀，人權的問題就自然能解決了。所以，只須主張對每個人都有同樣尊重，而沒有必要提倡爭取人權。對於自己該有的權利，他們自然會去爭取。

人口政策與法律制度

　　由於中國在價值觀和教育等方面的改革都需要時間和功能（處境）上的配合，不易推行，所以必須認真地執行。譬如，在人口政策方面，理想社會是以質而非量為目標，所以人口一定要維持在某個限度，以免影響人民的生活質量。曾有美國智庫計算過，中國的天然資源在短期內只能承受五億多個中產階級生活水平的人的消耗，假如屬實，那中國如何處理多出的八至九億人的需求？

　　此外，為了能體現公平的社會，社會需要訂立有層次的法律以作規管。例如，要防止有能力者做壞事，公平的法律基礎該以阻嚇的效果作為依據，法律對能力較強者的處罰應較重。另外，社會可以採用資本主義經濟體系，但必須説服超級富豪把遺產回歸社會，那樣才能造就一個理想而稅率低的經濟環境。另外，打破家族對資產的壟斷，亦有利社會出現新的創業者。有了這個自動平衡的機制，資本主義經濟體制方能持續運作。

　　另一方面，中國在語言文字上亦未能跟得上新的科技和觀念的發展。很多新的概念或內容都無法以中文或翻譯成中文予以準確表達（如前面提到的 "capitalize" 一詞譯成中文並非一定解作 "資本化"，而在前文就是指能否利用 [utilize] 的意思，而利用的目的也不一定為了得利。），那倒不如直接引入外語名詞。例如外國人的名字就用不着翻譯了，只需使用原文，在旁邊加上拼音就可以了。這樣不但可以省掉不必要花的腦力，也可得到更多的外來知識。如中文能吸收世界各地表達得最準確的詞彙，久而久之中文或可以演變為世上最能表達意思的語言。

"想贏" 與 "想得" 的領導人

　　很多人擔心，中國的領導層如擁有過大權力，很可能出現問題。如由這種自命不凡卻又缺乏知識的人來管治中國，難保不會引致第二次人口爆炸，或再來一趟文革式鬥爭，造成數千萬人死亡的慘劇。然而，我認為出現這類人的可能性不高，因為文革的傷害仍深印在大家（包括現今的領導人）心中。再者，中國現正處於太平建國時代，一切都以和平穩定為優先考慮。

　　關於領導人選拔，可先研究人的個性。我認為領導人的個性可分兩類：想贏者和想得者。**在打仗和推動革命時，需要"想贏者"的領導，他們的目標是去贏得戰爭或在革命中取勝。反之，在建設時，則需要"想得者"，他們是有使命感把事情做好的人。**這就是所謂的"能馬上得天下，不能馬上治天下"的道理。打仗和管治是兩回事。所以，推選領導人時要找對人，在和平建設時代不能找"想贏者"，因為這種人為保住"贏者"的地位，放不下又輸不起。他們把政治視為權力，也自視過高。所以，要檢討被歸類為"想贏者"的革命家的歷史價值，要看他們在革命後為社會做了些甚麼，不然他們的價值就只能停留在革命的階段。中國離革命已有六十多年，不再需要"想贏者"作領導了，所以在挑選管治的接班人時，一定要避免讓"想贏者"得權。其實，社會上大多數人都是"想得者"，他們對政治都不感興趣，自知沒這麼大的本事去做好領導；而對無法認識清楚的參政者投票只會徒勞無功，還會被別人利用。要讓中國和平建設，重振中國文明，不可以忽略"想得者"的貢獻。

對"好感受"的觀念

　　還有一個觀念在表面上與中國現況關係不大，但事實不然，那就是對待"好感受"的態度。過分或錯誤地去追求物質帶來的好感受，會造成資源浪費。製造和消費物質都會污染環境，已知中國的自然資源越見不足，如能使人們明白好感受只是工具而不是目的，他們就不會濫於消費，所需資源便能夠減少，剩下的資源便能使更多人受惠，甚或晉身中產階級，這樣資源便能更有效地運用。而且，減少消耗資源也是解決全球暖化的唯一良方，中國人作為世界一分子也有義務參與。有些經濟學者指出，通過提高消費以及增加人口可以刺激經濟增長，但他們有沒有想過，那是否對生命有益？是否對整體社會有益？究竟是經濟增長重要，還是生命更重要？

長遠管治視野

很多人問：為甚麼中國的腐敗現象層出不窮？腐敗可源於很多因素，權與利不相稱，有權的人回報太少，而他們心中又對利益念念不忘，就是原因之一。肚子餓了，但每一天卻對着可望而不可即的肥肉，很難不動心。另外，現今中國的官員亦對前途失去信心與希望。希望的定義是"認為有正面（包括不壞）改變的可能性"，它是主觀的，內容源自認知和經驗。今天的中國人和 50 年代的中國人不同，想的不只是下一頓飯的事，現在所考慮的事較長遠和繁多。不過，儘管改革開放令社會面貌大有改善，但他們看到國家仍不時受困於老方向和舊思維，未能再進一步走下去之餘，對何謂美好的將來，也根本沒有清晰的願景和信念。於是常常信左走右，或時而高舉共產，但實際走資本主義的市場經濟，言行不一，令人十分混淆。當領導的人看不到國家有甚麼美好的前途，最實際的做法就是先為自己着想，盡快並盡可能地為個人圖利，甚至不惜走上腐敗的道路。這樣的國家會有前途嗎？領導人叫人愛國，人民又能聽得進去嗎？在中國立國已六十多年的這個時刻，還以"有錢人與窮人的對立"作為治國方針，製造矛盾，如何建立一個同心協力的優質社會呢？

社會的力量能發揮出來嗎？我認為要清除既得利益集團利用這類矛盾為操作之工具，領導人才能有效施政。

當機立斷開啟前路

現正是中國領導人當機立斷的時候了，他們必須作出決定。當社會和經濟發展達到一定水平後，就要考慮更長遠的將來。摸着石頭過河的做事方法已不管用了，國家發展不能時左時右。要令港、澳、台人民真心回歸，只有展現正確的信念，高舉正確的旗幟，並配以優良的管治成績，才有可能給予人民信心，相信中國的領導。蘇聯在 1991 年解體，已證明了其理念和思維是失效的，剩下的共產國家的景況，會是將來中國夢寐以求的發展嗎？古巴的卡斯特羅（Fidel Castro）幾年前在退位時說："我們跟隨蘇聯的馬克思共產主義模式六十多年了，今天我們的人民還要用糧票（food stamp）是甚為不妥的。"他作為第一代共產革命家都能及時認錯，難道我們中國人就做不到知錯和改正嗎？中國還未能放下那個早已證明失敗的信念和旗號，或許是因為還沒有找到一個更好的信念來替代之，這點能夠理解。我透過本書提供了一個可供參考的信念，希望中國領導人能慎重考慮，為中國找出一

條新出路，使中華文明再度邁向光輝之途。時機是不等人
的，若能抓緊時機做正確的事，前途當會無可限量。

第 9 章

香港何去何從

政制爭論

香港從來都不是一個主權獨立的地區。19 世紀，大清帝國把香港的統治權割讓給英國；1997 年 7 月 1 日起，英國又把統治權歸還給中華人民共和國。自那天起，中華人民共和國對香港擁有 100% 的統治權，香港人沒有半點的自我（不需要考慮中央）統治權利，這是很清楚的法定事實。西環（中聯辦）不該參與香港管治的説法，是完全沒有法律根據而且不合法的説法。為了早日完成主權回歸，並減少政權變動對香港社會帶來的衝擊，中方向英方承諾，保障英國人在九七後的某些利益。同時也簽署了"聯合聲明"，和制訂了管治香港的"基本法"。不知是否對處理台灣統一有甚麼想法，還是領導認為（錯的認識）民主政制是社會發展的必然結果，並且嚮往中國將來會出現民主政制，於是"民主"兩個字也寫入了"基本法"。這兩個字和"基本法"裏對立法會的安排，使香港政府出現了今天的管治危機。

民主理念指出人民擁有統治權，那麼，人民沒有統治權的政制，能算得上民主政制嗎？答案當然是否定的。在民主政制的體制裏，沒有比人民更高的政治權力機構了。説"一人一票"選舉就是民主政治，根本是廢話；人民若沒有最高統治權力，就不是民主政制。**地區權力之上還有更高的中央權力，在這樣的情況下使用傳統的"民主"兩字來形容現行的制度並不正確，容易出現誤導，英語的"pseudo"（偽）可能較正確地反映事實。**

　　地區不可能實行民主政制，管治的體制不可能有兩個頭，因為有兩個頭等於無頭。一個地區如出現一個以上的絕對統治權力中心，這地方就無法管治了。統治權力只能100% 落在一個權力體的手上，中央在這方面不可犯錯。政治不是所謂的妥協，在施政時可以妥協，但在統治方面卻沒有妥協的餘地。政治實體的結構，只能由有統治權者來制定。無統治權者最多只能表達意見，別無他權。所以，**香港根本不可能實行傳統的民主政制，如香港實行傳統的民主政制，中央等同放棄了對香港的主權。**

　　由此可見，說香港可以實行民主政制，實在犯了對題目定義欠缺認識的思維錯誤。純地區"自"治是不可能的，只能取"高度共治"。這些方案只能稱為人民參政，但不是民主政制。

　　與此同時，環境的因素令香港無法實行民主。香港大多數人都認為，香港成功的一個特點是開放型社會。但香港是個小地方，要做到開放型社會就必須具備管治能力和清晰政策。然而，一旦實行民主，反應就不可能迅速，行政就不可能有效。開放的小地方很容易受強大的外來勢力影響，你猜這些勢力是為了自己的利益，還是為了香港的利益而來呢？泰國就曾多次出現外來勢力收買政客，妨礙泰國發展基建的情況。通過出錢收買政客，它們亦可試圖妨礙競爭，維護它們的原有利益。假如政客天天只想着維護個人利益而破壞政府的行政能力，社會能好嗎？更何況民主是一種劣質政制，這個前文已討論。香港雖說不上是民主政制，但現時的立法體制已實踐了部分民主，結果如何呢？它幾乎不能運作，有等於無。憑甚麼認為有了民主以後香港就會變好呢？

別的地方所以成功，實有其他先決條件，但失敗例子卻多的是。中國和香港現在還擔當不起這樣的風險。因為國家還不夠強，還沒有足夠穩定的社會和良好的社會價值觀來承擔施行民主的風險。

政權更替的領導真空

在政權更替的時期，不論你希望將來採用甚麼政制，在過渡期間一定要有強而有力的專政帶領，不然社會會出現各種各樣無法管治的局面。1912 年的民國就曾面臨這樣的局面。袁世凱看到不對勁後，想改變狀況，但他卻走上回頭路，犯了錯（做皇帝），又比較早去世，結果中國出現比清末更差的四分五裂內戰局面，使日本人有機可乘作出侵略。結果怎樣收場？還不是出了個惡人專政。這正是柏拉圖在《理想國》（*The Republic*）第八章內把民主定為四大不公義（unjust）之一的原因。今天中國的社會價值觀與該書所說的環境沒多大不同。試想想，為甚麼法國農民革命後會出現拿破崙？為甚麼英國把查理一世殺了後又捧出個查理二世？俄羅斯幸而有葉利欽（Boris Yeltsin）在關鍵時刻抓住了形勢，並找到普京（Vladimir Putin）這樣的強人來接班，才免得出現混亂局面。關鍵在於這個領導人是否仁君。到目前為止，葉利欽和普京的出現，是俄羅斯人的大幸。新加坡也因為有李光耀的專政，才有今天的成果。將來仁者專政在接班上如果能參考我提出的新方向和新理論（"能升整利"理論），在管治上該較易成功。

　　然而，在 1997 年回歸即將來臨時，中央仍不知該如何領導香港，加上為了平穩過渡，出現了"港人治港"的説法。是否真有人認為，在這樣的非常時期，即使沒有一個強大而能幹的領導班子也能治好香港，那就不得而知了。但結果很清楚，公務員不聽指示，出現欠缺政治領導的社會。那過渡算成功了嗎？不能算，只能説成功爭取了一點時間。不過，中國的運氣還不錯，今天中國的國力比十多年前強多了，完成過渡的能力較強，當然中國要面對的局面也比以前更複雜。

當一個社會的政權經歷大型變動，社會領導便會出現脱節的情況。人們説欠缺領導，也就是説領導的底子弱。在這樣的環境下，有三類人會乘機奪權：一是軍人，二是黑社會，三是大財主。因為香港的軍隊過往是由英國派來的，之後是中央派來的，所以香港沒有出現第一類情況。又因為有解放軍進駐，黑社會也不敢輕舉妄動，所以也沒有第二類情況。但香港卻出現了第三類的大財主奪權。

“一國兩制”、“港人治港，高度自治”口號含糊不清，內涵僅有理想，卻欠缺清楚的操作方式，加上有問題的“基本法”，結果中央未能落實去管治這個地區。九七後香港可以説是沒有實際的政治領導。如有，也算是在大財主手裏，但這不是政治領導，而是以政謀私。

後來，因為見到公務員不願與上級合作，中央就有了起用公務員出任特首的想法。如這領導人真的是為國家好、為香港好，那還好辦，但事實看來不是。口説市場經濟不需要管理，向中央承諾的事又不去落實，卻天天説聽民意，如不是為港獨鋪路（提倡地區民主政制），還能是甚麼呢！這時，又出現了大財主收買內地人員和香港公務員的官商勾結腐敗情況。

總的來說，社會演變至今天這樣水火不容的對立局面，和以下三種別有用心的人有關：一是不想中國強大，與外國勢力配合，以香港為反中央政權基地的反中人士；二是以為民主政制能帶給中國希望的愚者；三是某些貪得無厭的大財主，希望香港出現他們能在背後操控的民主政制。

香港大眾也別太天真，以為有朝一日落實民主政制，權力就會在你們手裏。我很有信心的告訴你，權力最終只會落到某個或某些大財主手上。到時你們和中央的日子或許更不好過，直至出現非理性之結果。"佔中"運動已證實中產人士同樣會上街，同樣會做出革命式的暴力行為。是否真的要逼使他們做出更非理性之事呢？但就算革命式行動後拿到政權又怎麼樣？你有能力治好社會嗎？不是又會出現"三十年河東，三十年河西"的情況嗎？人民的生活真的會變好嗎？

香港社會中尤其大財主出現各種短視行為，乃至過分自私甚至貪污，是因為看不清楚前景。為何香港人對前途沒有信心呢？如有人跟你說他在摸着石頭過日子，你認為他的遠景有多明朗？如國家對自己的前途並無清晰方向、方針、方案甚至理想，人民對將來會有信心嗎？會不出現貪腐嗎？會

不短視嗎？香港人的心能安定嗎？唯一有信心的就是改革開
放這三十幾年的成果。但言行不一致，還是不能放下心來。
到底該聽口説的共產主義呢？還是該看實際有成果的市場經
濟（資本主義）呢？再者，這些經濟成果，跟馬克思主義的
關係到底是怎樣的呢？

　　對年輕人來説，前途和希望非常重要。社會的前景不能
長期不明朗，並經常抱持已證實失敗的所謂"理想"。**香港
人需要的很簡單，就是要結果。港英政府能獲港人認同，並
不是本身有甚麼合法性（legitimacy），它的合法性就來自成
果。**人民要的是結果，因為生命要的就是結果。人民作為生
命的一分子，就得符合生命的要求。結果重於一切，這也是
現在有人拿着英國旗上街，依戀往日能帶來施政結果的殖民
地政府的原因。所以，根本不存在沒有民主政制就沒有合法
性的説法，因為就算有民主政制，如施政結果未如人意，同
樣也是不合格。大多數香港人都是"想得者"，就是不理誰
是頭，只要有好結果就行了。百多年來的政治文化不可能馬
上就改變，所以有人認為，大多數香港人想參與政治，把精
神都用於政治鬥爭是説不通的。**問題出於不清不楚的一國兩
制和自相矛盾的基本法，使真正有能力的精英也想不到如何
做好施政。**在中國未能提出一套理想的信念之前，卻指望大

財主自我改善去多為社會着想，實在是緣木求魚。

讓人心回歸

港人渴求的是一個抱持着美好理想的中國，言行一致、口手對稱的政府，並想看到社會明天會更好的可能性。那港人不想要甚麼呢？香港的社會、經濟基礎都要比大陸高，所以對前途的擔憂也更甚。想起過往歷史經歷，就記起 50 年代政府搶民產和文化大革命的慘況。港人最慶幸是避開了 1949 年後的政治運動，尤其是前 30 年的施政方案，所以現在人們對前 30 年的領導人物又害怕又反感，不想再聽到那時備受崇拜的人物和其理想了。因為他們知道這不會造福香港，反會使香港前景灰暗。

另外，香港人最怕的是司法政治化，即利用法院向人民搶奪財產。這樣能説服人民 "依法治國" 是好事嗎？如政府有代表國家的意味，那樣的政府能説服人民愛國嗎？正所謂 "己欲立而立人，己欲達而達人"。中國立國已六十多年，我直到今天還在受到這種不公平的對待。我家是紅岩英烈的後代，但上海市某領導看上了我家位於寶慶路 3 號的房產，乘我家在法院處理私事時，向法院指示把這產業歸給市委，想據為己有。家母作為紅岩英烈的直接後代，向中央領導提出了十多次控訴，至今仍石沉大海。我親身體驗這件事，多次向中央領導反映亦於事無補。要香港人愛國，根本無從談起了。香港人不愛國，是因為中央和地方的有些腐敗官員先不愛國（不愛社會），而且法院亦不透明，無法發揮其應有功能。即使在今天中國最先進的城市，還有這些搶民產的事情發生，真是令人心寒。香港人和海外華人能信任中國政府嗎？如果得不到香港人的心，回歸能成功嗎？

　　所以中央也先別怪責香港人，只要自己先做好最基本的事，港人的信心自然就會回來，我還在盼望這一天的到來。如想香港人的心真正回歸，中央先要掌握好自己的前路，只有這樣才能贏得所有中國人的心，才能把中華文明發展成領先文明。而這個過程當中也牽涉台灣問題。台灣已實行民主政制多年，統治權已掌握在台灣人民手中。**中央想國家能統一只能憑藉自己有着正確的主義、良好的體制和被認同的施政成果，才能令人真心情願的回歸，其他方案都不可能成功**。如像台灣一樣，統治權已落在人民手裏，又如何能夠收回呢？我認為今天的中央領導層不至於都是貪腐的，想國家好的領導人還大有人在。只要不去強硬地在香港重複錯誤的歷史和政治教導，香港人對當今的領導層還是有信心的。

　　有一個內地朋友問我，為甚麼英國人能管治好香港，得到本地的精英投效，而中國就不行呢？我說能者都有自己的信念和品格，對錯誤的信念不會認同，也不會降低自己的品格去圖謀私利。**英國人能治好香港，不是因為宗教和民主政治，而是對何謂理想社會有一定的觀點，被派來香港的港督和高級官員都有英國傳統的責任和正直感。雖然也要為英國（或有時是為個人）圖利，但更重要是考慮地方的利，不然人心不服，難以管治，也就是說"頭"得要考慮"身體"的利。**香港九七後的領導權轉移到了大財團手裏，而這個"頭"卻只考慮一己的私利，那社會怎能好呢？有些人還希望在香港謀利後，把財產轉移到海外，這是有益社會的事嗎？以沒有社會感和社會使命感的人來做領導，香港當然不會好。但他們之所以這樣做，主要還是因為對香港前途沒有信心，所以最終的責任還要中央承擔。

結構性不公平競爭

　　香港現時的問題很多，不得不馬上採取有效的方法去更正和解決。以下先回顧這些問題的原因。

　　80 年代初期中英進行談判時，香港的國民生產總值（GDP）是中國的 60%，九七前是 25% 左右，今天只在 3%以下。當時為了答應英國在九七後繼續保留部分英國人（包括三大英資集團：滙豐、怡和、太古及各種專業）的利益，以及需要港商北上內地投資，故起用了一位商人為特首，施行英國商人、中央和本地大財主共利之政策。九七後爆發了亞洲金融危機，香港經濟也受到拖累，但政府為了保護大財主和英國退休公務員的利益，就放棄了自由變動匯率。儘管打的是政治穩定的幌子。由於聯繫匯率，該貶值的港幣不貶值，導致出現經濟持續不景，未能快速調整經濟以作應對。期間香港同時受美國財長格林斯潘的錯誤觀念（他只考慮經濟增長，並且深信滴漏效應）影響，導致貨幣大增，利率近零。加上全球化的關係，中國經濟得到前所未見的機遇，國家經濟以超高速增長，而這個增長，使 2003 年推出的“自由行”政策給香港帶來的好處比想像中要多。這時有人錯誤地以為香港仍應保持聯繫匯率不變，因而出現了體系消化不良的問題，香港經濟出現結構性不公平競爭的景象。這點以下再詳細闡述。

　　平心而論，這個問題也不只限於香港。結構性不公平競爭通常是政策使然，某些行業因為得到不該有的保護和專利，妨礙了公平競爭。另外，新面世的產品和行業，也會出現欠缺競爭的情況。既然是政策問題，就可以作出改變。英國政府為了節省對殖民地的投資，就盡量用專利政策吸引商人投資，造成多種專利行業，當中土地／房地產就是其中之一；的士、小巴的專利也是表表者；發電廠、隧道、公共交通工具所持有的專利，都有可能造成不公平競爭。每逢的士加價，大眾就要多付車資，司機增加的收入，卻大部分流進車主手中，造成典型的封建式資本。資本家只會坐收其利，那是資本主義最壞的元素。如要管治這些行業，要不政府自行營運，例如紅磡海底隧道；要不公私合資，例如港鐵。一旦出現經濟問題，也可馬上更改收費政策。當中的經濟增長、經濟效益不是最終目的，而是要配合整體社會的 "生命目的" 來操作，做到價格可升可跌。

政府管理市場經濟的政策，就是要盡量避免出現結構性不公平競爭。 專利行業能減少一個就減少一個，又或索性由政府自行營運，這樣做即使收入不合理，起碼也是收歸公家。只要透明度夠高，現今的政府企業不一定欠缺效率。香港政府可以列出一個清單，清除港英留下的專利行業，或向該些行業引入更多競爭。都 21 世紀了，不該再行封建制度，起碼身為國際城市的香港不該再有這樣過時的商業結構。**如**

香港今天便有民主政制，既得利益者只會運用他們龐大的
財力，遊說政府維持專利。只有由"獨裁仁者"帶領的中央
政府才有可能消除這些結構性的不公平競爭，別無他法。試
看看近期香港競爭事務委員會制定的條例，表面上好像給予
自己相當大的權力，成為真正的"有牙老虎"；但再仔細想
一想背後目的，就會恍然大悟：那不過是為了不希望此事盡
早落實；那只是想引來各方反對，使方案久久無法體現。誰
在背後主導這樣的事呢？不用多想。所以，要想真正體現公
平競爭，還需要限制某人或某財團在整個經濟裏不能佔多於
2%（以色列政府認為該國的經濟 25% 操控在 12 個大財團手
裏，已甚為不妥當了）的操控權和擁有權，不然就無法維持
一個良好的市場經濟。

房地產問題

除了專利行業外，房地產市場亦容易出現結構性不公平
競爭，那是因為生產進度慢，不易加快。假如住房被視為生
活必需品，那政府在政策上就要首先為每一個人提供最低的
居住面積。美國加州甚至為籠裏的雞隻制定最低生存空間。
一個安穩的社會，其資源和財富分配有一定的結構，每個行

業的競爭力相對是平等的，不會出現大型的結構性不公平競
爭，例如資源一面倒傾向房地產的現象。可惜的是，香港反
而有人刻意不去增加土地供應，令房價不停快速上漲。而
且，還嫌這個政策不夠，再來個恆常不變的投資移民政策，
生怕社會不出問題。在這些人的管治下，香港的資本主義走
到了極端。政府依賴高地價為財政收入來源的方案也該是時
間改變了。

　　以香港近十年的經濟環境而言，不可能再出現長期零
利率。零利率加上不設資產增值稅，令資金基本上都流到房
地產市場，它沒有其他更好的出路。因此，**社會太多資金熱
炒房地產，聯繫匯率也是一個主要元兇，所以應馬上取消聯
繫匯率**。此外，香港應主導自己的利率。誠然，利率走勢會
令匯率浮動，但即使浮動匯率加上政治因素或會使資產價格
出現大幅波動，但對目前的社會也不是壞事，只要政府有能
力去控制便成，而今天香港和國家已經有足夠的資源作出操
控。假設銀行存款年利率改為 5%，港元就會變強，資金會
自房地產流出，房價會下調，用作投資的物業會被釋放出市
場。現在的供求失衡，與過多投資者買入房地產有關。房價
下調，租金亦會相應下調，於是港元幣值高的同時亦可促使
物價下降。

　　至於消費市場，假設港元升值而消費者的承受能力不變，則生意收入並不一定會下跌，大眾持有強港元還會有更高的購買力。不過，假如港元升值後令資產價值下降，市民能持有的資產減少了，消費能力承受不了，那會給商人帶來衝擊，最後會促使地主減租，商舖租金或可回復到較為正常的水平。結果是否如此，我們就要看政府如何去操作利率、匯率和房地產供應了。當然有房地產的人不想房價下降，但無房地產者已無法接受現狀了。我們不是去衡量有房地產者還是無房地產者哪邊的人數多，而是無房地產者要與有房地產者拼命時，他們寧可玉石俱焚，反正他們一無所有。"佔中"運動不就有一點這樣的意味嗎？有資產者想與無資產者同歸於盡，還是寧可與他們分利？雖然資產或會少一點，但日子可過得較為安樂。在今天經濟發達的香港，社會安穩比經濟安穩更為重要。社會不安穩，經濟能好嗎？

　　另一方面，中國近年經濟迅猛增長為香港帶來的利益，令社會消化不良，而這些利益基本上都只是流進地產財團和地主那裏。香港的中下階層和年輕人根本受惠不到，他們很多連房子都買不起，對前途並不樂觀。中國經濟增長，卻為香港帶來社會問題，導致醫院牀位不夠，名校學位索價不菲，地鐵過於擠迫，奶粉也難買到，不氣死人才怪！這説明了當外來的錢和外來的人太多時，自己的社會承受力卻不足，便會出現消化不良的問題。對中產人士來說，多得的收入遠追不上物價通脹，結果得出"負利益"的效果。他們看到這些問題都是源於內地旅客和內地政策，自然便把矛頭指向中央及內地人，造成中港矛盾。這不正是別有用心的人和外來勢力想見到的氣氛嗎？這不正是這些別有用心的人利用一國兩制，高度自治的模糊定義，以至"基本法"的錯漏的好時機嗎？當初承諾 50 年不變的 2047 年一天天迫近，香港的前途不可能脫離中國。傾向港獨的人士想到建立民主政制是名副其實使香港成為獨立實體的唯一出路，於是千方百計抓住"基本法"的幾個錯字和中央對民主政制認識不足的機會，只待中央一不小心，就會"生米煮成熟飯"，令香港擁有等同於統治權的民主政制。對此，中央不能不謹慎處理。

"能升整利"主義

從現實來說，香港現在的問題應該歸納為政府的實際管理出錯，對事件考慮不周，對社會前景漫不經心。為甚麼會這樣？一是知識不足，以為經濟不停增長就是好事，完全沒有想過經濟只是一項為社會服務的工具，於是不去考慮社會到底想要甚麼，結果出現社會消化不良的情況。

　　香港面對的一些問題，嚴格來說不只是香港本身的問題，而是整個人類文明都未能認識到社會該是甚麼樣的社會，該以甚麼作為目標。所以，世界上不少地方都出現把政制作為目標、經濟作為目標的錯誤追求。在政府施政時就出現很多問題，更無法去一一解答。結果，精力大量消耗在毫無出路的鬥爭之上，口角鬥不出結果就動武，造成傷亡，可是還是無法想到能改良社會的新方案。港人現在欲求一個明朗的社會方向和方案，這方案該由政府提出來，先要把因由說清楚，再諮詢人民意見，看大家是否認同。

　　香港現在最需要的，是填補港英政府撤離後的社會領導真空。社會領導就是有人站出來拿出一個美好的社會理念，這不只是政制體制、經濟體制等片面方案，而是一個以社會為前提的方案。

　　我認為可以先在香港實行本書提倡的"能升整利"主義。社會結構要有足夠的提升能力，但所得成果要能落實到整個社會。此套方案要按實際環境制訂。首先體制要有目的，而這目的要正確，而經濟體制也不例外，經濟該以何種速度和以何種形式增長，都得與社會的目的配合。

　　政府的管理方案也要考慮到人口控制。為甚麼需要控

制人口？人口的問題可以反過來看，為甚麼現在香港的年輕
人不想生育？這與前景和自己的處境有關。對前景不看好，
認為自己能創造的資源無法好好養育下一代，就不希望做對
不起下一代的事。這是競爭不公平，資源過度集中在少數人
手裏的後果。香港政府曾成立人口關注小組，但目的主要是
關注人口老化後的經濟增長問題，而對不生育的問題缺乏認
識，還想以移民政策來增加人口。香港的年輕人已在告訴你
質比量更重要的事實了，增加外來人士能鼓勵香港年輕人多
生育嗎？

　　與人口政策相關的是，政府對需要較長時間才能見效的
基建（包括人才培訓）要有一定的遠景，對將來社會的需求
要有一定的預算。將來社會的需求與人口數量和種類有直接
關係，如無法預計人口，就無法作出長遠預算。人口政策的
性質不能刻板地固定為開放或不開放，而是要按需求而定，
不然又會出現供不應求的結構性不公平競爭。香港作為一個
細小的經濟體，該開放時開放，該關閉時關閉。政策要跟着
社會目的走，而不是以經濟增長為目的。另外，政府亦要考
慮如何培育大量創作力高的人才，這在前文已述，此處不贅。

　　在“整利”方面，政府要就資源如何由得利大者回歸到
社會而尋求共識，要考慮該設立何類稅制，以使創業不受打

擊之餘，又能維繫低稅率，使資源能過渡到新的能者手裏，這點亦在前文已述。現有的能者也不能妨礙新創業者的發展機會。香港經濟能有今天的成就，主要是低稅率鼓勵多勞多得所致。當多勞不再多得，居住在香港這個地小人多的地方的人民的提升動力，也會跟着消失。到時不但外資不會來，現有的資金也會撤離，經濟便會走下坡。如果創作出來的資源沒能好好使用，中產人士又沒能放心地去創造資源，資本主義就無法維持。超級富豪必須認識到，低稅率是他們的成功因素之一。他們真想香港變壞嗎？他們臨終前該為香港社會做甚麼呢？他們有責任想想自己的財富如何能最好地於社會運用。

　　我認為，政府如能按照這些主意制定一個良好的方案和社會管治模式，香港人應會認同。這不再是現有的資本主義、共產（或社會）主義，而是目標清楚、有提升能力、以生命為基礎的“能升整利”主義。**香港需要一個為整體社會着想、能維持公平競爭的市場經濟政策，而不是打着經濟增長、經濟穩定的旗號，但實際卻用匯率來操控市場的政策。**後者只助長了少數利益集團的腐敗，並且是漫無目的的市場經濟方案。有人說，用匯率來操控市場的政策能刺激經濟增長，但我要重申，經濟增長並不是目的。如以經濟增長作為最終目的，政府只要有財政司就行了，還要特首幹嗎？為了長遠的整體社會利益，政府便要決心運用政策化解不公平競爭，即使經濟因此會出現短暫的負增長乃至經濟不穩的情況，都是值得的。

中港共治的方案

擁有統治權者，有責任去管理政治和建立好政制架構。某程度上，如社會之領導做不好，國防、外交也無法落實，所以香港的政制和政治只能由中央領導。前文已述，要做好"一國兩制"，只能由中央和地區共治。地區的權不能超越中央或與中央對等，不然這地方無法有效管治。香港人必須認清楚：到底是主權和有效管理重要，還是一紙聲明重要？

所以，香港該由"港英政府"過渡到"港中政府"，就是說中央和香港共同治理香港。**中央不可能不理香港之事，香港也不可能自己說了算，中央必須站出來說明這一點，要正大光明地說明擁有統治權者是當然有權的，而且有合法地位參與香港的一切事務。**如何做是另一回事，但港人並無否定權。訂定"聯合聲明"的目的是想香港好，如當中內容與目的不符，目的不能改，而應該改內容。

　　在政治發展方面，香港政府至今都沒能提出一個好的政治理念。其實中央與地方的目的一致，都是想香港好。我想到一個可行方案：首先，最理想是由香港的年輕人，按我的“能升整利”方案成立一個新黨，目的是為生命服務，或可稱“生命黨”，其目標不是參與現有的政制方案討論，而是以理想社會為目標，詢問香港人是否接受一個“能升整利”的社會。如能得到港人認同，再去請求中央的認同。只要是抱持相同信念的人，都可以加入這個黨，我希望這個黨能把香港的精英一一納入，黨員心中沒有黨的利益，只有社會的利益。另外，在特首選舉之前，可以由黨和中央一起推舉三位心目中的理想人選，再給人民投票。這個黨一定要得到中央支持，也就是與中央共治，因為管治不可能沒有統治者的參與。這方案不可算是民主，只是人民有參與的機會，得到人民的共同認可，而其目的要與中央一致。只有中央和地方的目的一致，方有可能實現一國兩制。一方有權，一方為承受者，有權而不能操作是行不通的，但若該得利的卻無權，利益（vested interest）只會流到從中操作者那裏，結果無人為大眾做事。

　　地方人民和政府提出的方案中央可以否定，並由中央作最終決定。在這種情況下，地方需要考慮中央想要甚麼。**中**

央的想法是，地方不能作出任何對中央不利的行為，所謂"井水不犯河水"。如地方能做到這一點，中央可以給地方多一些自治的權力，以處理自己之事。重點在"權力"，但只限於處理地方之事和地方的政治。經常高呼"愛國"這兩個字，其實甚為不妥，那就像呼籲香港人參與大陸的事。哪些該參與，哪些不該參與根本沒有說清楚，遂出現思想混亂。所以，還是不說"愛國"為妙，說出來只會被自私的人利用。至於地方可以有多少自治權，就得視乎實際操作。在實行共治的過程中，如香港能體現管治能力，使中央感到放心，中央便會給地方多點自治權。否則，中央就需要多一點參與管治了。

假如香港人沒有能力組織一個能以理想社會為目標的團體（或黨），那這工作只能由中央來承擔。如主動權已給了地方，而地方不知如何使用，那中央就有責任親自上馬。首先要問香港人想要甚麼。真正的民主政制已是不可能的了，那香港人是否想要一個美好社會？如是，可以拿我的"能升整利"方案作為參考，如認同的話中央就去落實。這也是共治的方案，不過是由中央主導，港人只參與其中。

管治結果的好與壞，責任都在最高統治者（即中央）身上。徒具統治者之名卻沒有做出實際績效，香港不會好。所以統治者要體現出他有能力把一個地區統治好，而不是只說空言，不然地方不會聽命的。香港的公務員不笨，如統治者有能力他們自會聽從。

　　那香港人能否自行治好香港，達到高度自治？至今我看不到正面的答案。只看到爭權奪利，沒有人去為社會着想。為甚麼呢？可能是出於無知，對政治目的不認識，把爭權和妥協當作政治。但在兩種錯誤方案中找妥協，又怎會是對的？人們不去認真面對民主政制的錯，不懂得社會價值，又欠缺社會感，只是高呼民主，社會真會變得好嗎？假如民主政制行得通，就不會出現這麼多社會問題了。既然民主並不美好，那就得往美好的方向找答案，否則，這些人的思考能力也太狹窄了吧？他們必須多問問政制的目的是甚麼。政制是為了服務社會，而不是為了服務自己。鞋是按腳的大小而製的，而不是削足就履。所以，先得明是非才能有好結果。

　　此外，中央和地方不能互相對立。出現對立只因為未能找到正確的目的。中央有責任把地方發展得好，而地方也該配合中央把國家發展得好。**雖然最終的統治責任在中央，但如想體現一國兩制的精神，地方要能出現真正有政治領導能力的人士，提倡優良的政治方案，主動向中央和人民說明及組織人才，把香港搞好。**現今香港需要三個單位作出大力貢獻：一是能認識如何建立理想社會的年輕人，二是中央，三是有智慧的超級富豪。關鍵是中央與香港社會有着同樣的目標，同樣的希望，大家能齊心協力去發揮社會的正能量，那樣要過渡 2047 年根本不成問題。長遠來說，根本就不存在一國兩制，香港高度自治的問題。重點是有共同目標，再考慮如何能相輔相成，最理想地達到這個目標。當中最多或只會出現因各自環境不同，以致兩地在追求目的的過程中，實行了不同的管治方法的情況罷了。

　　香港能否成功實行一國兩制以及高度自治，取決於香港人能否主動提出一個社會領導方案，也取決於香港人的能力。如果能提出好方案，香港人和中央自然會認同和支持。有了人民和中央的支持，便可打倒個別謀私的和外來的勢力。有智慧的領導仁者，不也是這樣克服管治問題的嗎？

總　結

　　2015 年 一 個 經 常 提 到 的 話 題 是 愛 恩 斯 坦（Albert Einstein）的廣義相對論（General Relativity），但又有多少人真正能認識到這理論的真正意義？廣義相對論所指的是世上物與物之間有其關係，當把所有的關係都找出來之後，就可以由其中找到歸納（generalization）關係。而概括／綜合關係是由多個個別因素的關係組合而成的。結果出來的不再是相對而是近乎絕對（approach absolute）。愛恩斯坦對死物的認識是由五個因素組成的，包括 mass、energy、momentum、pressure 及 tensor，這是否正確和齊全就得看結果是甚麼了。如果出來的結果都是對的，那就能證實因與果就只是由這些因素組成。但只要有一個不對的結果，那就表示因素還不止以上五個。

　　到目前為止，基本上認為社會學（論）只有像莊子所說的因為變數太多，而只有相對關係（relativism），而不可能出現絕對之事。但由廣義相對論的結論去看，社會學也可以有近絕對論。只不過基礎在於生命的目的，因素是生命演變的過程和創造出來之工具的因由。明白了這些概念之後，就可以建立一套模範（model），和有層次、有輕重的社會秩序了。價值觀就可以以此作為基礎。

可以說，世界上存在一個完整的大體制（The system），它是一個包含世上所有物和因素的體制，在這大體制內有小體制（sub system），如死物體制和生物體制。當中生物體制內又有文明體制，而文明體制則包括社會、信仰（宗教）、政治、經濟等小體制。這些體制之間有一定的關係，包括死物與生物之間的關係。若要發揮各體制的真正功能，實現一個理想體制，必須把以上各小體制的關係理順才成。

幾十億年來，生命以求生為本，為了克服環境的挑戰，不斷提升能力以面對自己的處境，實現生存的願望。生命在地球上發揚光大，遍佈每一個角落。人類更憑着腦力成為生命之王，人類也是維生能力最強的一種生命。本書的結論是：要提升，就要讓個人去發揮能力；想發揮得更好，就要成立一個完善的社會大團體，而大團體的利益分配必須做到妥當，才能達到最高效益。社會要以整體利益為出發點，實現一個"能升整利"的社會。中國在"能升"和"整利"這兩方面都比不上西方國家，主要原因是未能認識到該如何發揮腦力。

對生命來説，目的是最重要的。原始的目的一向是維生，這一直沒有改變過，而最終的目的也還是維生。生命的各種操作功能，是以此一目的為依歸，在不同時期演變出不同的維生工具。這些工具可分為三大階段：一、反應；二、感受；三、"理"等功能。"理"就是腦力和思考能力的代表。人類作為最有腦力者，也是最能發揮"理"的一員。可惜由於沒有明白到生命之原始目的和操作工具的演變因由，以致過往人類誤以為生命是沒有目的的，結果把"感受"當作人的本性和目的。這就導致人類錯誤地把工具作為人生的追求，得不到理想的結果。

最嚴重的錯誤，莫過於對好感受（幸福）、經濟持續增長、民主政制以及非理性信仰的追求。人如不講求"理"，就等同不用腦。運用信仰把腦袋鎖上後，腦力就連動物也不如了。當大部分人都未能認識到"理"的功用，文明的進展便可説將近走到盡頭了。人類瘋狂追求好感受，以及不限制生育下所導致與環境的過度競爭，已令地球無法承受，出現全球暖化只是其中一個問題。這便如管理工具的能力，跟不上工具本身的能力，那樣好的工具也會變為壞的工具。即使工具再好，但假如不會使用，那比沒有工具還要差，因為後者起碼不會出現誤用工具、傷害到他人的情況。

　　文明將來的出路只有兩條：第一是繼續對問題視而不見，待地球經歷一場浩劫才去反省。第二是多用腦，多想目的，多去認識生命，及時改變追求的目標，把精神用於更好地提升維生能力之上。個人認為，如人類文明沒能及時認識真理，它就沒希望了，世界和平的嚮往也只會是空中樓閣。我能做的只是提供一個希望，在人類找到了正確目的後，即使事情再難，缺的也就只是一個有心人。文明能否避開第三次世界大戰，就要看是否會出現有心人了。這個希望只能寄託於他們。

　　願生命保佑我們！In Life We Trust！

　　至於中國的前途，責任在於當代領導人。若他們能在這幾十年內進行改革，百年後中國便能成為領先文明。倘若仍不認錯、不改革，後人將面對第四次亡國，危機深重，即使愛國情緒再高漲也為時已晚，到時就只能以阿 Q 精神度日子。

　　美好機遇難得，錯失良機，遺憾終生！

跋

　　文明又一次的把自己逼到盡頭的時候了。在現時還算太平的時代，希望各路有心人士能以開放的心態多點為生命的前途想想，不要把自己變成文明的癌症，為了私利最終導致自毀。

　　中國現在有大好的時機完善文明，切勿錯過。而香港則還有機會做好一國兩制，雖然大局仍操控於中央。能否實現高度自治，只能寄望香港能出現一個真正的政治家。

　　本書之表面目的是希望提升文明，實在之目的則是希望讀者能擴闊思考之領域。撰寫本書期間，我曾與不少朋友交流，發現要打開對方的思考空間殊非易事。因為他們往往沒有思考題目的定義和本質，思考時僅僅是運用他固有的價值觀，在閱讀本書中的各種新提議時，並不願意放寬思考領域。在說"不"之前，各位請先回顧本書前文的內容，很多你想反問的問題，前文均已解釋了，但願本書能起到啟迪作用！書中各項議題還是需要讀者反覆想一想，待將來有機會時再作更深入的說明。

　　祝中國、香港與文明好運！

附錄一　如何學習和考試

　　學習的目的，是把該學的知識印在記憶裏。在學習過程中，要認識何謂應該記下的知識。上課時，要記下的知識可分為兩類：一是課本的內容，二是老師的講學。這就引伸到為何要先備課了。在上課前，要看課堂所教的那一章內容，首先看書的名字，之後想一想作者到底想在這本書表達甚麼。第二步是去看每章的題目，再想一想這一章想說甚麼。第三步是在看完一章過後，想一想作者在這一章想告訴你甚麼，並做一些筆記，記下你在這一章該印在腦裏的內容。

　　上課時很多學生都會邊聽邊做筆記，但這是一個大錯，因為腦袋並不能同時又聽、又寫、又吸收知識。所以，上課時一個字也不用寫，而是該集中精神聽老師講解，了解他到底想你在這一章學到甚麼。老師在演繹課文的內容時，可能會補充一些自己的看法。下課時，不要馬上離開課室，該回顧一下老師想你學到甚麼，然後做一些筆記，同時把這些內容記在腦裏。

到學期快完結前，可回看課本以及課堂筆記，並再做一些筆記作為總結。這些筆記會把作者想告訴你的內容，以及老師想你在這本書學到甚麼都清楚記錄下來，讓你在考試前作溫習之用。考題基本上就會在這個範圍內擬定，你如透徹明白作者和老師想説甚麼，摘 A 絕不成問題。

學習有法，考試也得有方法。在考試過程中，最重要是認識考題，如解錯題，答案就一定是錯的，白白浪費了作答的時間。大學的考試一般定為兩個小時，開考後可把時間分為三段，每段約 40 分鐘。在前兩段時間不要在答卷寫上片言隻語，用第一段時間來認識題目，由第一題到最後一題，逐一認識。假如認識過後還有時間，就再回到第一題，想想有沒有另一個角度去看待這個問題。你第一次看時，那角度不一定是對的，也不一定是最好的。你可逐題回顧，直到用完第一段時間。

在第二段時間，可在題目的旁邊寫下你想答的內容，想不出來便先行擱下，再答下一題，若有空餘時間便再回頭想答案。這樣直到第三段時間才起筆作答，那就不會犯"未經大腦就寫"、"筆快過腦"的錯誤。而當你清楚知道你想答甚麼，便可下筆如飛。這方法熟練後，基本上在 20 分鐘內就可以把兩小時的考題答完。

　　學習與考試並不如想像中困難，這是一個猶太同學教我的。當然學習生字又得用另一種方法，要考慮如何一次過最有效率地記下最多生字。

附錄二　淺談運氣

　　我發現有一個不少人都感興趣的課題，而且人們會花費很多時間、精力和金錢去追求，那就是"運氣"。當中最追求運氣並對其最有研究的，非中國人莫屬。這一課題的研究範圍極其廣泛，中國的道教很早就展開了各種研究，並創出一套理論。其中最常被引用的，包括如何利用風水來改善個人、家庭或企業的運程。而其他各家學派對"運氣"也是眾說紛紜。

　　我嘗試尋找與"運氣"相關的各種書籍，想從中找到"運氣"的真正定義。但很可惜，到目前仍尚未看到一本書，能給我一個滿意的解釋，能真正清楚闡明"運氣"到底是甚麼。我以為，在未清楚"運氣"到底為何物之前，就對"如何使運氣更好"加以指導，似乎不能令人信服。尤其我發現，中國人常有一種誤解，就是將"天時、地利、人和"與"運氣"混為一談。但實際情況卻是，當你想做好一件事時，就算天時、地利與人和齊備，假如時運不好，有時還是不能成就大事。

你也許曾聽過一句諺語："一命、二運、三風水、四積陰德、五讀書"。其中"積陰德"與"讀書"，我想大家較容易從字面領略其意思。"積陰德"較為常見的演繹是，祖輩的福祉能留傳給下一代，或是"善有善報"、"惡有惡報"之類；簡單來説就是英語的 Goodwill。至於"讀書"，相信大家也認同知識可以提升個人的能力與競爭力，並加強信心，因而使成事的機會大大提高。這兩方面我就無須贅言了。

我倒想多談談對"命"、"運"、"風水"及"運氣"的看法。所謂"命"，泛指先天的條件、非人力所能左右和改變的事實，大致包括一個人出生時的時代，種族、國籍、家庭狀況、性別、時辰、地點、智能、體型，以及是否具備特殊能力等。其中家庭狀況還包括擁有多少財產、整體受教育的程度、兄弟姊妹的數量，以及家族中人的社會地位等。以上都是個人出生時已決定了的因素，可稱之為"定素"。

如果我們將"命"視為影響一個人的定素，那麼我們可以把"運"解釋為人生所要面對的變動和不確定因素，即為"變素"。而"氣"可以理解為變素的集合。那麼"運氣"亦即各種變素的互相配合。宇宙和地球裏任何因素和其改變，都可能對不同人士產生不同影響。由於人類是羣居動物，無可

避免要在社會生活，故任何社會動盪和個別人士的行為，都
會為不同地域的人帶來或多或少的影響。

接下來，我想談談對"風水"的看法。"風"是流動的空
氣，而"水"則可以通過不同的形態呈現，例如蒸氣、雨點、
雪、冰、洪水等。因而簡單來説，"風水"也能理解為天氣
和地理環境對個人或家庭的影響。當然，反過來人類也同樣
在影響着天氣和環境。例如，隨着經濟高速增長，工廠和各
類交通工具所排放的廢氣和污染物，嚴重破壞地球環境；高
樓大廈拔地而起，也令全球氣溫變暖，生態平衡受到威脅等。

"風水"對個人思考和個人情緒也會產生影響，因為不同
的天文現象或地理環境很可能刺激人類大腦，使腦部產生各
種化學作用，影響情緒，從而令個人發揮多種潛能，甚至能
啟發出一些超乎我們想像的能力。所以，我們有時會聽到利
用"風水"轉變運氣的説法。當然，這種影響需要用科學及
心理學的角度來驗證，而非採納一般所謂風水先生的神化説
法，風水先生通常只帶着濃厚的迷信色彩（包括鬼神論、宗
教、邪教等）。

世上的變素多到無窮無盡，若想藉風水影響運氣，就要
同時結合這許多變素以及個人本身的定素，以成為個人當時
的變素的集合。單是要考慮這麼多變素，就已是人腦所不能

想像。可以説，要完全主宰運氣是不可能的，但正因有如此多的變素或可能性，才令宗教、迷信、風水和占卜等大有發揮空間。

　　要清楚的是，運氣是起之有因的，是生物（自己＋其他生物）和大自然（死物）的因素之匯合，不是 random（隨意）的，所以不能忽視運氣。